들으면서 정리하는

이보영의
120분
영문법
트레이닝

들으면서 정리하는
이보영의 120분 영문법 트레이닝

지은이 이보영
펴낸이 임상진
펴낸곳 (주)넥서스

개정 3판 1쇄 발행 2023년 3월 15일
개정 3판 2쇄 발행 2023년 3월 20일

출판신고 1992년 4월 3일 제311-2002-2호
주소 10880 경기도 파주시 지목로 5
전화 (02)330-5500 팩스 (02)330-5555

ISBN 979-11-6683-472-1 13740

www.nexusbook.com

들으면서 정리하는

이보영의

120분

영문법

트레이닝

이보영 강의 · 지음

넥서스

🗨 독자 한마디

예문을 자꾸 따라 말하게 돼요. 어렵고 딱딱하게 느껴지는 영문법을 간단한 예문과 함께 재치 있는 유머로 쉽게 설명해 주어 120분 동안 집중할 수 있었어요. 영어 공부를 위해 많은 강의를 시도해 봤지만 그때마다 지루해서 꺼 버리거나 졸아서 한 번도 끝까지 들어본 적이 없었는데, 이 강의는 졸기는커녕 계속 따라 말하게 되더라고요. 강요하지 않지만 듣는 사람을 문법 속으로 쏙 끌어들이는 듯한 느낌이라고나 할까… 예문으로 영문법 공부하는 게 이런 거구나 싶습니다.

듣기는 물론 발음 교정에도 도움이 돼요. 듣고 자꾸 따라 말하게 되니 잘 기억될 뿐만 아니라 발음 교정에도 도움이 되는 것 같았습니다.
미국 시트콤을 한글 자막 도움으로 즐겨 보는데, 이제 분발해서 한글 자막 없이 즐겨 보렵니다.

이미경 (23세, 대학생)

이보영 선생님 목소리가 낭랑해서 집중이 잘 되던데요. 출·퇴근할 때 운전하면서 들었어요. 이보영 선생님과 Isaac 선생님이 유머를 섞어 대화하는 방법이 지루하지 않아 참 좋더라고요. 특히 이보영 선생님 목소리가 밝고 낭랑하여 듣기가 편한데다 집중도 잘 되었어요. 다른 CD 듣기에 실패한 분들에게 강력 추천합니다.

바쁜 직장인인 제게는 시간이 절약돼서 참 좋았어요. 눈으로 보는 영어 책은 늘 부담스러웠지만(시간 면에서나 집중력 면에서나) 듣는 영문법은 훨씬 쉽고 효율적이었습니다. 출·퇴근 시간을 이용해 듣기만 하면 되니, 시간 절약 면에서 최고입니다.

한하얀 (27세, 직장인)

Isaac 선생님과 유머를 섞어 재미있게 강의해서인가요… 지루하지 않아 몇 번을 들었어요. 한 마디로 영문법을 처음 접하는 분들이나 복잡한 영문법 책 앞부분만 보다 실패한 초보자 분들에게 딱입니다. 저도 집에 있는 영문법 책 앞부분만 새까만데, 이 강의는 처음부터 끝까지 몇 번을 듣게 되더라고요. 이런 경험 처음이에요.

토익 준비에도 큰 도움이 되던데요. 문법 따로 공부할 시간이 없거든요. 직장 생활에서 영어 스트레스하면 회화와 토익 점수죠. 당장 토익 점수를 올려야 한다는 생각에 따로 공부하기가 막막한 기초 영문법을 단번에 끝낼 수 있어서 좋았습니다. 2탄으로 고급 영문법도 강의해 주세요, please!!

전윤희 (33세, 직장인)

뭘 갖고 영문법을 정리할까 고민하는 분께 딱입니다. 영어를 공부한 지 20여 년, 이제 와서 혼자 영문법을 정리하자니 엄두가 나지 않았는데, 이번 강의와 책을 만나게 되어 반가웠습니다. 늦었다고 생각하시는 분들, 특히 뭘 갖고 공부할지 몰라 막막하신 분들에게 강력 추천합니다. 처음엔 집과 회사를 출·퇴근하면서 들었고, 나중엔 점심 시간에 틀어 놓기도 했답니다.

문법 핵심이 머리에 쏙 들어와요. 꼭 필요한 문법 내용만을 골라 예문과 같이 설명하여 쉽게 이해되더군요. 처음엔 좀 빨리 말한다 싶어 겁이 났는데 반복해서 들으니 괜찮았습니다. 한마디로 헷갈리는 영문법 핵심만 찍어서 간단명료하게 잘 정리한 느낌이었습니다.

정영기 (36세, 직장인)

INTRO

안녕하세요, 이보영입니다.

〈들으면서 정리하는 이보영의 120분 영문법 트레이닝〉 강의와 책을 통해 여러분을 만나게 되어 무척 기쁩니다.

> "회화를 먼저 해야 하나요? 문법을 먼저 해야 하나요?"
> "영문법은 어떤 책으로 해야 하나요?"
> "영문법은 도대체 어떻게 공부하면 효과적인가요?"

이런 질문을 하루에도 수없이 받는 저는 '아직도 많은 분들이 영문법을 힘들게 여기고 있구나!'란 생각을 하곤 합니다.

요즘에는 많이 달라졌지만 저희 때만 해도 영어 하면, 문법만 줄곧 공부했었는데도 말이죠. 그럼에도 불구하고, 우리에게 영문법은 꼭 풀리지 않은 숙제처럼 남아 있죠. 이유가 뭘까요?

꼭 알아야 할 영문법은 딱 요만큼!

'문법'을 Sentence Law라고 알고 있는 분은 안 계시겠죠? 괜히 '법'이라는 말 때문에 필요 이상의 부담과 압박을 느끼는 것도 피해야 하지만 요즘 유행처럼 번지는 '무조건 들어라', '몇 문장만 무조건 외워라'라는 학습법에 휩싸여 아예 하지 않아도 된다고 치부하는 것은 더더욱 좋지 않은 일이랍니다.

영어로 말하고, 듣고, 쓰고, 읽고, 이해하려면 이 말 저 말이 서로 어떤 식으로 연결되어 있는지 최소한의 원칙을 알아야 합니다. 너무 상식적인 얘기인가요? 그러나 요즘 우리는 두 가지 오류에 빠져 있는 것 같습니다.

첫째는 너무 많이 알려고 해서 정작 실생활에 필요한 내용을 정확히 모르는 오류죠. 영문법에 대해 잘 안다고 자부하는 분들이 정작 외국인과 대화할 때 말 한마디 못 하는 경우를 가끔 봅니다. 써먹을 수 있도록 영문법을 공부하지 않았기 때문이죠.

또 다른 극단은 어떻게든 문법을 피해서 그냥 말하고, 듣고, 이해하고 싶다는 것이죠. '문법을 공부하지 않아도 습관으로 말을 배우면 되는 거다'라는 말이 우리 귀에는 달콤하게 들릴 수 있지만 영어가 모국어가 아닌 우리나라 실정에는 전혀 맞지 않는 말이 된다는 것을 우리는 흔히 간과하게 됩니다.

'습관으로 말을 배운다'는 것은 그 언어권에서 오랫동안 살면서 아주 조금씩 이루어질 수 있는 얘기지, 우리처럼 영어를 필요에 의해서 익히는 환경에서는 맞지 않는다는 겁니다.

영문법, 너무 많이 알려고 괜한 노력을 할 필요도 없고, 그렇다고 피해서도 안 됩니다. 이번 강의와 책에는 말 좀 하려면 꼭 알아야 할 영문법만을 골라 실었습니다. 주어와 동사라는 가장 기본적인 문장의 구성 요소부터 시작해 조금 더 복잡한 형태로 나아갔지만 모두 '말하기 위함'이라는 대의명분을 거스르지 않았습니다.

영문법, 예문과 함께 들으면서 정리하세요!

그렇다면 문법을 늘 책으로만 공부해야 할까요? 저는 이번에 그런 생각을 과감하게 깨 봤습니다.

저 자신이나 제가 아는 많은 영어 도사들이 문법을 살아 있는 것으로 만들기 위해 즐겨 쓴 방법을 적용해 봤습니다. 우리에게 의미 있는 예문을 여러 번 듣고 따라 말해 봄으로써 그 안에 들어 있는 문법을 자연스럽게 익히도록 한 것이죠. 강의를 듣다 보면 자신도 모르는 사이에 속옷을 적시는 가랑비처럼 영문법에 젖어 들게 될 것입니다.

그리고 영문법을 좀 더 가깝게 느끼게 하기 위해 우리말로 된 문장을 각 영문법 항목에 맞게 분류하여, 이런 영어 문법이 문장 안에서 사실 이런 의미를 만든다는 것을 단적으로 들려 드리려고 했습니다. 반복해서 들어도 지루하지 않도록 배려한 저희의 모습 또한 느끼셨으면 좋겠습니다.

저자 이보영

⏰ 이 책의 특징

1 이보영 선생님의 학습법은 다르다!

아직도 영문법을 책으로 읽으면서 공부하세요? 알 듯 말 듯 헷갈리는 영문법, 막상 써먹으려면 도움 안 되는 영문법, 이제 들으면서 정리하세요! 오랫동안 영어 초보자들의 가이드가 되어 온 이보영 선생님이 '듣는 영문법'이란 새로운 학습법을 내놓았습니다.

2 이보영 선생님의 강의는 다르다!

핵심만을 정확하게 전달한다! 재치 있는 애드립으로 반복해서 들어도 지루하지 않다! 밝고 낭랑한 목소리로 집중이 잘 된다! 정확한 발음과 리듬으로 말해 저절로 따라하게 된다! 명콤비 Isaac과 함께 풀어놓는 이보영 선생님의 매력 넘치는 강의를 만나 보세요.

3 이보영 선생님의 영문법은 다르다!

주어, 동사부터 시작하는 이보영의 영문법은 말 좀 하려면 알아 두어야 할 핵심 내용만을 뽑아 버릴 것이 하나도 없습니다. 또한 실생활에 바로 써먹을 수 있는 예문으로 영문법을 설명하여, 예문을 편안하게 듣고 따라 말하다 보면 영문법이 이해됩니다.

4 살아 있는 영문법을 만난다!

문법을 살아 있는 것으로 만들기 위해서 실생활에서 자주 사용하는 예문들로 자연스럽게 익히도록 했습니다. 예문들을 자꾸 따라서 읽다 보면 문법뿐만 아니라 회화도 쉽게 느껴질 것입니다. 강의와 책으로 직접 확인하세요.

⏰ 이 책의 100% 활용 방법

MP3 듣기

^{Step}
1 **120분 강의를 먼저 들으세요!**

듣기만 해도 문법 핵심이 머리에 쏙 들어오는 강의 MP3부터 들으세요. 처음부터 '120분 동안 집중해서 다 들어야지.' 하고 마음먹기보다 출퇴근(등하교)할 때나 다른 일을 할 때 늘 틀어 놓으세요. 그러다 보면 자연스럽게 집중해서 듣게 됩니다. 기억할 점 하나! 귀로 듣고, 머리로만 이해하지 말고 자주 따라 말하세요.

^{Step}
2 **책과 함께 '훈련 MP3'로 연습하세요!**

강의와 책으로 영문법 기초를 다졌다면, 이제 연습문제 정답과 패턴을 녹음한 훈련용 MP3로 영문법 실력을 업그레이드하세요. 정말 많은 예문을 건질 수 있습니다. 연습문제를 먼저 풀고 MP3를 들을 수도 있고, MP3를 들으면서 정답을 확인해도 좋습니다.

^{Step}
3 **핵심 문장 자동암기 트레이닝으로 마무리하세요!**

영어 말하기는 훈련을 통해서 가능합니다. 핵심 문장을 반복해서 듣고 말하는 트레이닝 MP3를 통해 영어 말하기의 자신감을 얻을 수 있습니다. 실전에서 100% 활용할 수 있도록 문장을 선별했기에 자신 있게 영어로 말할 수 있을 것입니다.

도서 본문의 🎧MP3 표기는 CD에서 MP3 QR코드로 변경되었습니다.
상단의 QR코드를 통해 MP3를 청취하세요.

영어력 upgrade 부가 학습자료

 리스닝 테스트 듣고 받아쓰는 dictation 훈련을 통해 리스닝 실력을 확인한다.

 단어 노트 영어의 가장 기본은 어휘력이다. 각 강의 주요 단어를 정리하여 사전을 찾는 번거로움을 덜어 준다.

 단어 Quiz 영어는 반복해서 외우지 않으면 잊어버리게 된다. 단어 Quiz를 통해 배운 단어를 확인한다.

* 부가자료는 www.nexusbook.com에서 다운받을 수 있습니다.

⏰ 이 책의 구성

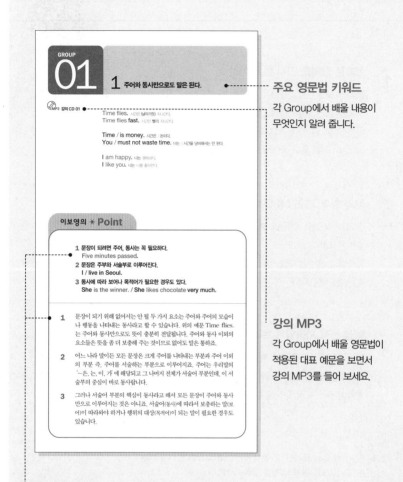

GROUP
01
1 주어와 동사만으로도 말은 된다.

▶ ······ **주요 영문법 키워드**
각 Group에서 배울 내용이
무엇인지 알려 줍니다.

🎧 MP3 강의 CD 01 ●

Time flies. 시간은 (빠이)가듯 지나간다
Time flies fast. 시간은 빨리 지나간다

Time / is money. 시간은 / 돈이다.
You / must not waste time. 너는 / 시간을 낭비해서는 안 된다.

I am happy. 나는 행복하다.
I like you. 나는 너를 좋아한다.

이보영의 ✱ Point

1 **문장이 되려면 주어, 동사는 꼭 필요하다.**
  Five minutes passed.
2 **문장은 주부와 서술부로 이루어진다.**
  I / live in Seoul.
3 **동사에 따라 보어나 목적어가 필요한 경우도 있다.**
  She is the winner. / She likes chocolate very much.

1 문장이 되기 위해 없어서는 안 될 두 가지 요소는 주어와 주어의 모습이
  나 행동을 나타내는 동사라고 할 수 있습니다. 위의 예문 Time flies.
  는 주어와 동사만으로도 뜻이 충분히 전달됩니다. 주어와 동사 이외의
  요소들은 뜻을 좀 더 보충해 주는 것이므로 없어도 말은 통하죠.

2 어느 나라 말이든 모든 문장은 크게 주어를 나타내는 부분과 주어 이외
  의 부분 즉, 주어를 서술하는 부분으로 이루어지죠. 주어는 우리말의
  '~은, 는, 이, 가'에 해당되고 그 나머지 전체가 서술어 부분인데, 이 서
  술부의 중심이 바로 동사입니다.

3 그러나 서술어 부분의 핵심이 동사라고 해서 모든 문장이 주어와 동사
  만으로 이루어지는 것은 아니죠. 서술어(동사)에 따라서 보충하는 말(보
  어)이 따라와야 하거나 행위의 대상(목적어)이 되는 말이 필요한 경우도
  있습니다.

강의 MP3
각 Group에서 배울 영문법이
적용된 대표 예문을 보면서
강의 MP3를 들어 보세요.

핵심 내용

각 Group의 핵심 내용을 예문과 함께 보여줍니다. 배우고 있는 포인트 내용을 색깔 있는 글씨로
표시해 놓아 더 쉽게 알 수 있도록 했습니다.

문법 POINT

가장 뼈대가 되는 영문법 설명을 모았습니다. 강의 MP3를 듣기에 앞서 이 부분을 먼저 읽어 봐도
좋습니다. 3개에서 5개 항목으로 읽기 쉽게 정리해 놓았으므로 여러 번 읽고 머릿속에 꼭 기억해
두세요.

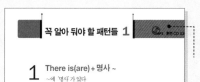

CONTENTS

Grammar, Start!

영문법의 시작,
기본 요소부터 다지기

명사니 동사니 이런 말들 많이 들어 보셨죠?
들어 본 만큼 정확히 알고 계신가요?
영문법 공부 좀 하려면 의외로 여기서부터
막히는 분들이 많으실 줄 압니다.
120분 영문법 강의에 앞서,
문법을 구성하는 기본 요소들이
어떻게 어울려서 문장이 되는지 살펴보겠습니다.

문법의 기본 요소

세상의 모든 이름들

(이보영 and 학생 are talking about studying English.)

학생　What do you do to improve your English?
영어를 더 잘 하기 위해서 뭘 하세요?

보영　First I try to read English news articles every day.
우선은 매일 뉴스 기사를 읽지요.

학생　Do you read them aloud?
소리 내어 읽나요?

보영　Sometimes, yes. I pretend to be a news anchorperson.
가끔은 그래요. 뉴스 앵커가 된 척하면서요.

학생　Ha ha! That's funny.
하하 그것 재미있네요.

보영　Also, whenever I watch sitcoms on TV, I try to repeat after the actors.
또 TV에서 시트콤을 볼 때마다 배우의 말을 따라서 하려고 하지요.

학생　So you pretend to be an actress!
이번에는 배우가 된 척하면서요?

보영　Exactly! A beautiful actress! It is very helpful!
그렇죠! 그것도 아주 아름다운 배우요! 얼마나 (영어 공부에) 도움이 되는데요!

※ 여기서 to는 부정사의 한 부분으로 기호처럼 쓰인 것으로서, 전치사에 해당하지 않음. whenever는 접속사처럼 쓰였음.

■ **명사(noun)란 무엇일까요?** 명사의 '명' 자는 바로 '이름'이라는 뜻입니다. 즉 세상의 모든 이름들로 '셀 수 있는 것'과 '셀 수 없는 것'으로 나눈답니다.

■ **셀 수 있는 명사라 하면?** 일반적으로 사물을 가리키는 이름(그네: swing, 나무: tree)을 '보통명사'라고 하는데, 이 명사들은 하나, 둘… 수를 셀 수 있지요. 반면에 꼭 형태가 없더라도 hour, mile처럼 일정한 단위를 나타내는 말도 '보통명사'에 속합니다. 또 어떤 명사는 family처럼 하나의 '무리'를 가리키기도 하는데, 이런 것을 '집합명사'라고 하지요. 이들 명사는 '셀 수 있는 명사'죠.

■ **셀 수 없는 명사에는 어떤 것들이 있을까요?** 우선 일정한 형태가 없는 '물질명사'라는 것이 있습니다. air, water가 여기에 속하지요. 형태가 없기로는 '추상명사'라는 것도 마찬가지인데, love, happiness 등이 여기에 속한답니다. 끝으로 '고유명사'라는 것이 있는데, 여기에는 '춘향'이나 Shakespeare처럼 이 세상에서 단 하나의 대상을 가리키는 이름들이 속한답니다. 그러니 하나 둘… 하고 세면 안 되는 거죠.

2 대명사 (Pronouns)

명사로 부르지 않는 이름들

(이보영 and 학생 are talking about studying English.)

학생 What do you do to improve your English?
영어를 더 잘 하기 위해서 뭘 하세요?

보영 First I try to read English news articles every day.
우선은 매일 뉴스 기사를 읽어요.

학생 Do you read them aloud?
소리 내어 읽나요?

보영 Sometimes, yes. I pretend to be a news anchorperson.
가끔은 그래요. 뉴스 앵커가 된 척하면서요.

학생 Ha ha! That's funny.
하하 그것 재미있네요.

보영 Also, whenever I watch sitcoms on TV, I try to repeat after the actors.
또 TV에서 시트콤을 볼 때마다 배우의 말을 따라서 하려고 하지요.

학생 So you pretend to be an actress!
이번에는 배우가 된 척하면서요?

보영 Exactly! A beautiful actress! It is very helpful!
그렇죠! 그것도 아주 아름다운 배우요! 얼마나 (영어 공부에) 도움이 되는데요!

※ 여기서 to는 부정사의 한 부분으로 기호처럼 쓰인 것으로서, 전치사에 해당하지 않음. whenever는 접속사처럼 쓰였음.

■ **대명사(pronoun)란 무엇일까요?** 이때의 '대'는 '대신한다'는 뜻으로서 흔히 명사를 대신하는 말을 대명사라고 하는데, 대명사는 크게 사람을 가리키는 '인칭대명사'와 그 외의 대상이나 상황을 가리키는 '지시대명사'로 나누어진답니다.

■ **인칭대명사라 하면?** '인(人)'에서 알 수 있듯이 사람을 가리키는 대명사를 말합니다. 위 대화에서 학생이 자신을 I라고 하고 저를 you라고 하는 것처럼 말이죠. 종류를 보면, 말하고 있는 자신을 가리키면 1인칭, 말을 듣고 있는 상대방을 가리키면 2인칭, 그 밖의 사람들은 모두 3인칭 대명사가 된답니다.

■ **지시대명사란?** 사람 이외의 것, 즉 사물이나 장소, 상황 등을 가리키는 말입니다. this, that, it 등이 여기에 속하지요.

■ **대명사는 반드시 명사(이름)를 대신해야 할까요?** 이름이 없거나 알 수 없는 대상도 가리킬 수 있으므로 반드시 그렇지는 않겠죠. 대명사란 명사를 통하지 않고 어떤 대상을 가리키는 것을 이르는 말이랍니다.

3 관사 (Articles)

명사 앞에 붙는 말들

(이보영 and 학생 are talking about studying English.)

학생 What do you do to improve your English?
영어를 더 잘 하기 위해서 뭘 하세요?

보영 First I try to read English news articles every day.
우선은 매일 뉴스 기사를 읽지요.

학생 Do you read them aloud?
소리 내어 읽나요?

보영 Sometimes, yes. I pretend to be a news anchorperson.
가끔은 그래요. 뉴스 앵커가 된 척하면서요.

학생 Ha ha! That's funny.
하하 그것 재미있네요.

보영 Also, whenever I watch sitcoms on TV, I try to repeat after the actors.
또 TV에서 시트콤을 볼 때마다 배우의 말을 따라서 하려고 하지요.

학생 So you pretend to be an actress!
이번에는 배우가 된 척하면서요?

보영 Exactly! A beautiful actress! It is very helpful!
그렇죠! 그것도 아주 아름다운 배우요! 얼마나 (영어 공부에) 도움이 되는데요!

※ 여기서 to는 부정사의 한 부분으로 기호처럼 쓰인 것으로서, 전치사에 해당하지 않음. whenever는 접속사처럼 쓰였음.

■ **관사(article)란 무엇일까요?** 우리말에는 없는 요소로 명사 앞에 놓여 보통 그 명사의 수와 성(性) 등을 나타내 주는 말입니다. 이러한 관사의 쓰임은 관용적인 면이 많아서 관사를 쓰지 않는 언어권의 사람들이 사용하기에는 어렵습니다.

■ **관사의 종류에는 어떤 것이 있을까요?** 영어의 관사에는 부정관사(a/an)와 정관사(the)가 있습니다.

■ **부정관사란?** 부정관사는 처음 언급되는 보통명사 앞에 붙는 관사 a와 an을 말합니다. 원래 '하나'라는 뜻으로 발음이 자음으로 시작하는 명사 앞에는 a (a girl), 모음으로 시작하는 명사 앞에는 an이 붙는답니다 (an apple). 따라서 복수 명사 앞에는 부정관사가 올 수 없는 것이죠.

■ **정관사란?** 정관사 the는 굳이 해석할 필요는 없지만 흔히 '그~'로 해석합니다. 이것은 이미 언급된 명사를 가리킬 때, 또는 처음 언급되는 명사라도 상황으로 보아 어떤 것을 가리키는지 서로 알 수가 있을 때 그 명사 앞에 붙여 줍니다. 그리고 부정관사와 달리 모든 명사의 단수나 복수형 앞에 올 수 있습니다.

움직임을 나타내는 말들

(이보영 and 학생 are talking about studying English.)

학생 What do you do to improve your English?
영어를 더 잘 하기 위해서 뭘 하세요?

보영 First I try to read English news articles every day.
우선은 매일 뉴스 기사를 읽지요.

학생 Do you read them aloud?
소리 내어 읽나요?

보영 Sometimes, yes. I pretend to be a news anchorperson.
가끔은 그래요. 뉴스 앵커가 된 척하면서요.

학생 Ha ha! That's funny.
하하! 그것 재미있네요.

보영 Also, whenever I watch sitcoms on TV, I try to repeat after the actors.
또 TV에서 시트콤을 볼 때마다 배우의 말을 따라서 하려고 하지요.

학생 So you pretend to be an actress!
이번에는 배우가 된 척하면서요?

보영 Exactly! A beautiful actress! It is very helpful!
그렇죠! 그것도 아주 아름다운 배우요! 얼마나 (영어 공부에) 도움이 되는데요!

※ 여기서 to는 부정사의 한 부분으로 기호처럼 쓰인 것으로서, 전치사에 해당하지 않음. whenever는 접속사처럼 쓰였음.

■ **동사(verb)란 무엇일까요?** 사물의 동작이나 작용, 상태를 나타내는 말을 '동사'라고 하는데, 영어의 동사는 주어와 시제에 따라 변화하는 특징을 가지고 있습니다.

■ **동사는 어떻게 나눌까요?** 분류 기준에 따라, 자동사/타동사, 본동사/보조동사, 규칙 동사/불규칙 동사 등으로 나눌 수 있지요.

■ **자동사/타동사란?** 흔히 우리말의 '~을(를)'에 해당하는 목적어가 필요한 동사를 타동사라 하고, 목적어가 필요 없는 경우를 자동사라고 합니다. 예를 들면, watch는 sitcoms라는 목적어를 갖지만 is는 그렇지 않죠.

■ **본동사/보조동사란?** 다른 동사를 돕는 기능을 하는 동사를 보조동사(조동사)라 하고 그 도움을 받는 동사를 본동사라고 한답니다. 위의 do가 의문문을 만드는 것을 도와주고 있는 것처럼 말이죠.

■ **규칙/불규칙 동사란?** 영어의 동사는 변화를 한다고 했는데, 현재, 과거가 규칙적으로 변하는 동사가 있는가 하면(예: want-wanted), 제멋대로 변하는 동사도 있습니다. 불규칙 동사의 대표가 바로 be동사죠.

5 형용사 (Adjectives)

명사를 꾸며 주는 말들

(이보영 and 학생 are talking about studying English.)

학생
What do you do to improve your English?
영어를 더 잘 하기 위해서 뭘 하세요?

보영
First I try to read English news articles every day.
우선은 매일 뉴스 기사를 읽지요.

학생
Do you read them aloud?
소리 내어 읽나요?

보영
Sometimes, yes. I pretend to be a news anchorperson.
가끔은 그래요. 뉴스 앵커가 된 척하면서요.

학생
Ha ha! That's funny.
하하 그것 재미있네요.

보영
Also, whenever I watch sitcoms on TV, I try to repeat after the actors.
또 TV에서 시트콤을 볼 때마다 배우의 말을 따라서 하려고 하지요.

학생
So you pretend to be an actress!
이번에는 배우가 된 척하면서요?

보영
Exactly! A beautiful actress! It is very helpful!
그렇죠! 그것도 아주 아름다운 배우요! 얼마나 (영어 공부에) 도움이 되는데요!

※ 여기서 to 는 부정사의 한 부분으로 기호처럼 쓰인 것으로서, 전치사에 해당하지 않음. whenever는 접속사처럼 쓰였음.

■ **형용사(adjective)란 무엇일까요?** 명사나 대명사를 꾸며 주는 말입니다.

■ **형용사의 종류에는 무엇이 있을까요?** 성질, 상태 등을 나타내는 '성상형용사', 수나 양을 나타내는 '수량형용사'가 대표적입니다. 그 밖에 지시형용사와 대명사의 소유격이 있습니다.

■ **성상형용사란?** 대부분의 형용사가 여기에 속하는데, 원래부터 형용사인 말들뿐만 아니라 형용사처럼 쓰는 말들도 모두 포함하여 이르는 말이랍니다. (예: interested)

■ **수량형용사란?** 수나 양을 나타내는 형용사를 말하는데, 흔히 수사라고 불리는 기수와 서수도 여기에 포함되지요. (예: one, first)

■ **그 밖의 형용사에는?** 'that girl'의 that처럼 지시하는 형용사나 'her name'의 her과 같은 대명사의 소유격이 있답니다.

■ **형용사의 쓰임을 분류해 보면?** 우선 명사의 앞이나 뒤에서 직접 꾸며 주는 한정적 용법(예: beautiful name)과 주어나 목적어를 보충 설명하는 서술적 용법(예: She's pretty.)이 있지요.

6 부사 (Adverbs)

동사를 꾸며 주는 말들

(이보영 and 학생 are talking about studying English.)

학생 What do you do to improve your English?
영어를 더 잘 하기 위해서 뭘 하세요?

보영 First I try to read English news articles every day.
우선은 매일 뉴스 기사를 읽지요.

학생 Do you read them aloud?
소리 내어 읽나요?

보영 Sometimes, yes. I pretend to be a news anchorperson.
가끔은 그래요. 뉴스 앵커가 된 척하면서요.

학생 Ha ha! That's funny.
하하 그것 재미있네요.

보영 Also, whenever I watch sitcoms on TV, I try to repeat after the actors.
또 TV에서 시트콤을 볼 때마다 배우의 말을 따라서 하려고 하지요.

학생 So you pretend to be an actress!
이번에는 배우가 된 척하면서요?

보영 Exactly! A beautiful actress! It is very helpful!
그렇죠! 그것도 아주 아름다운 배우요! 얼마나 (영어 공부에) 도움이 되는데요!

※ 여기서 to는 부정사의 한 부분으로 기호처럼 쓰인 것으로서, 전치사에 해당하지 않음. whenever는 접속사처럼 쓰였음.

- 부사(adverb)란 무엇일까요? 부사는 흔히 동사를 더욱 자세히 설명해 주는 역할을 하는 말을 뜻합니다. (예: live happily, come quickly) 뿐만 아니라 부사는 형용사를 꾸미기도 하고(so pretty), 다른 부사를 꾸미기도 하며(very quickly), 문장 전체를 꾸며 주기도 하지요.(Perhaps it will rain tomorrow.)

- 부사로는 무엇을 나타낼 수 있을까요? 크게 시간(now, later, soon, late...)과 장소(here, there, far, close...)를 나타내는 말들이 있고, 정도(very, much...)나 빈도(sometimes, always...)를 나타내는 말이 있지요. 그 밖에 모양이나 태도(slowly, quickly)를 나타내기도 하고, 언제(when), 어디서(where), 왜(why), 어떻게(how)를 묻는 의문부사나 yes/no 같은 긍정/부정의 뜻을 나타내기도 한답니다.

- 부사는 언제나 부사인가? 같은 단어가 문맥에 따라 때로는 부사로, 때로는 형용사로 쓸 수가 있답니다. (예: He runs fast. / He is a fast runner.)

명사의 관계를 나타내는 말들

(이보영 and 학생 are talking about studying English.)

학생 What do you do to improve your English?
영어를 더 잘 하기 위해서 뭘 하세요?

보영 First I try to read English news articles every day.
우선은 매일 뉴스 기사를 읽지요.

학생 Do you read them aloud?
소리 내어 읽나요?

보영 Sometimes, yes. I pretend to be a news anchorperson.
가끔은 그래요. 뉴스 앵커가 된 척하면서요.

학생 Ha ha! That's funny.
하하 그것 재미있네요.

보영 Also, whenever I watch sitcoms on TV, I try to repeat after the actors.
또 TV에서 시트콤을 볼 때마다 배우의 말을 따라서 하려고 하지요.

학생 So you pretend to be an actress!
이번에는 배우가 된 척하면서요?

보영 Exactly! A beautiful actress! It is very helpful!
그렇죠! 그것도 아주 아름다운 배우요! 얼마나 (영어 공부에) 도움이 되는데요!

※ 여기서 to 는 부정사의 한 부분으로 기호처럼 쓰인 것으로서, 전치사에 해당하지 않음. whenever는 접속사처럼 쓰였음.

■ **전치사(preposition)란 무엇일까요?** 전치사 또한 관사처럼 우리말에 없는 품사로서, 명사나 대명사 또는 명사와 같은 역할을 하는 말 앞에 위치하면서 그 명사와 다른 품사의 관계를 나타내 주는 역할을 하는 말을 뜻합니다.

■ **전치사의 해석은?** 'TV에서(on TV)'라는 해석에서 알 수 있듯이 전치사에 해당되는 말이 우리말에서는 명사의 뒤로 오지요. 그래서 그 이름도 반대의 뜻인 '후치사'라고 한답니다.

■ **전치사의 종류에는 무엇이 있을까요?** in, on, at처럼 시간이나 위치, 방향 등을 나타내는 말들이 있겠지요. 그런데 이런 말들은 어느 한 가지만을 나타내는 것이 아니기 때문에 이 또한 문맥을 잘 이해할 필요가 있습니다. (예: on Monday/on the desk) 뿐만 아니라 같은 말이 부사로 쓰일 수도 있으므로 주의해야 합니다. (예: Go on with your work. 일을 계속하세요./계속하여, 줄곧)

8 감탄사 (Interjections)

느낌을 표현하는 말들

(이보영 and 학생 are talking about studying English.)

학생 What do you do to improve your English?
영어를 더 잘 하기 위해서 뭘 하세요?

보영 First I try to read English news articles every day.
우선은 매일 뉴스 기사를 읽지요.

학생 Do you read them aloud?
소리 내어 읽나요?

보영 Sometimes, yes. I pretend to be a news anchorperson.
가끔은 그래요. 뉴스 앵커가 된 척하면서요.

학생 Ha ha! That's funny.
하하 그것 재미있네요.

보영 Also, whenever I watch sitcoms on TV, I try to repeat after the actors.
또 TV에서 시트콤을 볼 때마다 배우의 말을 따라서 하려고 하지요.

학생 So you pretend to be an actress!
이번에는 배우가 된 척하면서요?

보영 Exactly! A beautiful actress! It is very helpful!
그렇죠! 그것도 아주 아름다운 배우요! 얼마나 (영어 공부에) 도움이 되는데요!

※ 여기서 to 는 부정사의 한 부분으로 기호처럼 쓰인 것으로서, 전치사에 해당하지 않음. whenever는 접속사처럼 쓰였음.

- **감탄사(interjection)란 무엇일까요?** 말하는 사람의 느낌이나 놀람, 응답 등을 간단히 나타내는 말을 감탄사라고 합니다.

- **감탄사는 어떤 성질을 가지고 있을까요?** 감탄사는 문장 첫머리나 중간에 들어가서 쓰일 수 있는데, 다른 요소들처럼 주어나 시제에 따라 일치를 시켜 줘야 한다거나 뭔가가 말끝에 붙어 변형을 하는 경우는 없어요. 또 다른 요소를 꾸며 주거나 꾸밈을 받는 경우도 없답니다. 그처럼 감탄사는 독립성이 아주 강한 말이랍니다.

- **감탄사에는 어떤 것들이 있을까요?** 감탄사는 자연히 터져 나오는 말로, 특별한 의미가 없는 것이 있는가 하면(예: Oh, Wow, Ouch...) 의미 있는 말들이 관용적으로 굳어져 감탄사가 돼버린 경우도 있습니다. (예: Alas, Bravo, Good heavens, by Jove...) 그 밖에 hi, hey같이 부르는 말이나 okay 같은 응답의 말도 주의를 환기시키며 감탄사 역할을 하지요.

1 명사에 동그라미 하세요.

Three buses went to Five Mile Beach. The first bus left
the terminal at nine o'clock and arrived at Five Mile
Beach on time, two hours later. The second bus left
half an hour after the first bus. The third bus left half an
hour after the second and arrived at Five Mile Beach on
time.

Three buses went to Five Mile Beach. The first bus left the terminal at nine
o'clock and arrived at Five Mile Beach on time, two hours later. The second
bus left half an hour after the first bus. The third bus left half an hour after the
second and arrived at Five Mile Beach on time.

세 대의 버스가 Five Mile Beach에 갔다. 첫 번째 버스가 9시에 터미널을 떠나 2시간 후 정각에 Five
Mile Beach에 도착했다. 두 번째 버스는 첫 번째 버스가 떠나고 30분 있다 출발했다. 세 번째 버스는
두 번째 버스가 떠난 후 30분 있다 떠나서 정각에 Five Mile Beach에 도착했다.

2 대명사에 동그라미 하세요.

Farmer   How's our sick tree, Doc? Will it survive?
Doctor   Oh, it'll survive. But you and she may not get
         a single apple this year from this tree.
Farmer   How come?
Doctor   Because it's a 'peach' tree!

Farmer   How's our sick tree, Doc? Will it survive?
Doctor   Oh, it'll survive. But you and she may not get a single apple this year
         from this tree.
Farmer   How come?
Doctor   Because it's a 'peach' tree!

농부   저희 병든 나무는 어떤가요, 의사선생님? 살 수 있을까요?
의사   오, 살 수 있을 겁니다. 하지만 당신이나 그녀나 올해는 이 나무에서 사과 하나도 얻지 못할
       거에요.
농부   어째서요?
의사   이건 '복숭아' 나무거든요!

3 관사에 동그라미 하세요.

Once upon a time, a long time ago, in the country of sun, sand and pyramids, there lived a poor man. He had a kind wife and a beautiful daughter. They lived in a small yellow stone house. One day he heard the sound of some horses. Quickly he climbed a tree and hid in the green leaves.

Once upon a time, a long time ago, in the country of sun, sand and pyramids, there lived a poor man. He had a kind wife and a beautiful daughter. They lived in a small yellow stone house. One day he heard the sound of some horses. Quickly he climbed a tree and hid in the green leaves.

옛날 옛적에 태양과 모래와 피라미드의 나라에 한 가난한 남자가 살고 있었다. 그에게는 착한 아내와 예쁜 딸이 하나 있었다. 그들은 돌로 만든 작은 노란 집에 살았다. 어느 날 그는 말들이 달려오는 소리를 들었다. 그는 재빨리 나무에 올라가 푸른 나뭇잎 속에 몸을 숨겼다.

4 동사에 동그라미 하세요.

"Look what I have found," he cried to his wife. When she looked in the bag, her eyes grew round with surprise. "Gold coins!" she said. "Hundreds of gold coins! Where did you get them? Oh, we are going to get rich." She called her daughter. "Come and see what your father has found."

"Look what I have found," he cried to his wife. When she looked in the bag, her eyes grew round with surprise. "Gold coins!" she said. "Hundreds of gold coins! Where did you get them? Oh, we are going to get rich." She called her daughter. "Come and see what your father has found."

"내가 뭘 발견했는지 봐요." 그는 아내에게 소리쳤다. 그녀는 가방 속을 들여다보고 놀라서 눈이 휘둥그레졌다. "금화잖아요!" 아내가 말했다. "금화가 수 백 개나! 이거 어디서 난 거예요? 이제 우린 부자예요." 그녀는 딸을 불렀다. "이리 와서 아빠가 뭘 찾아내셨는지 보렴."

5 형용사에 동그라미 하세요.

"I want to marry," said a fine young mouse. She knew what she wanted: a husband just right, good and strong, and always there to keep her company. One day, she met a young male mouse. He was handsome, with sparkling eyes, and silver-gray fur smooth as velvet.

"I want to marry," said a fine young mouse. She knew what she wanted: a husband just right, good and strong, and always there to keep her company. One day, she met a young male mouse. He was handsome, with sparkling eyes, and silver-gray fur smooth as velvet.

"난 결혼을 하고 싶어요." 젊고 예쁜 생쥐 아가씨가 말했다. 그녀는 자기가 원하는 것을 알고 있었다. 올바르고 착하고 튼튼한, 그리고 항상 자기 옆에 있어줄 남편, 바로 그것이었다. 어느 날 그녀는 젊은 남자 생쥐를 만났다. 그는 잘 생긴데다 반짝이는 눈, 그리고 벨벳처럼 부드러운 은회색 털을 가지고 있었다.

6 부사에 동그라미 하세요.

Kitty	Did you hear that they built a restaurant on the moon?
Piggy	Yes, as a matter of fact I ate there recently.
Kitty	What was it like?
Piggy	Well, the food was great... But there was absolutely no atmosphere!
Kitty	Duh-

Kitty	Did you hear that they built a restaurant on the moon?
Piggy	Yes, as a matter of fact I ate there recently.
Kitty	What was it like?
Piggy	Well, the food was great... But there was absolutely no atmosphere!
Kitty	Duh-

키티 너 달에 식당이 생겼다는 말 들어봤니?
피기 응, 사실 난 최근에 거기서 식사도 해봤어.
키티 어땠어?
피기 글쎄… 음식은 맛있는데… 분위기는 전혀 없더라!
키티 꽈당-

＊atmosphere: 분위기 (원래는 대기, 공기라는 뜻)

7 전치사에 동그라미 하세요.

One afternoon, Mary and Jane went to Kate and Susan's school. There was a book sale in the hall. Mary looked at the books with Jane. Then they sat on some steps and chattered. Kate and Susan met Mary in the hall after school. Susan's teacher was there too, choosing some books.

> One afternoon, Mary and Jane went to Kate and Susan's school. There was a book sale in the hall. Mary looked at the books with Jane. Then they sat on some steps and chattered. Kate and Susan met Mary in the hall after school. Susan's teacher was there too, choosing some books.
>
> 어느 날 오후, 메리와 제인은 케이트와 수잔의 학교에 갔다. 그곳 강당에서 책을 팔고 있었다. 메리는 제인과 함께 책을 살펴보았다. 그러고 나서 그들은 계단에 앉아 얘기를 나누었다. 케이트와 수잔은 수업이 끝난 후 강당에서 메리를 만났다. 수잔의 선생님도 거기서 책을 고르고 계셨다.

8 감탄사에 동그라미 하세요.

Tom and Mary went to see a baseball game.
Mary   Look at that woman! She's dancing.
Tom   Hey! That's Mrs. Jones! Our teacher. Wow! She has blue hair!
Mary   Oh, she's waving a pennant.

> Tom and Mary went to see a baseball game.
> Mary   Look at that woman! She's dancing
> Tom   Hey! That's Mrs. Jones! Our teacher. Wow! She has blue hair!
> Mary   Oh, she's waving a pennant.
>
> 톰과 메리는 야구 경기를 보러 갔다.
> 메리   저 여자 좀 봐! 춤을 추고 있네.
> 톰   이봐! 저 분은 존스 선생님이야! 우리 선생님 말야. 왜! 머리가 파란색이야!
> 메리   오, 깃발도 흔들고 계셔.

주어와 동사

문장이 되려면, 즉 말이 되려면 주어와 동사는
꼭 필요합니다. 주어와 동사만 정확히 알아도
영어의 뼈대를 이해하게 되는 셈이죠.
해도 해도 헷갈리는 영문법,
주어 · 동사부터 다시 시작하세요.

GROUP 01

1 주어와 동사만으로도 말은 된다.

MP3 강의 CD 01

Time flies. 시간은 (날아가듯) 지나간다.
Time flies **fast**. 시간은 **빨리** 지나간다.

Time / is money. 시간은 / 돈이다.
You / must not waste time. 너는 / 시간을 낭비해서는 안 된다.

I am happy. 나는 행복하다.
I like you. 나는 너를 좋아한다.

이보영의 ★ Point

1 **문장이 되려면 주어, 동사는 꼭 필요하다.**
   Five minutes passed.
2 **문장은 주부와 서술부로 이루어진다.**
   I / live in Seoul.
3 **동사에 따라 보어나 목적어가 필요한 경우도 있다.**
   She is the winner. / She likes chocolate **very much**.

1 문장이 되기 위해 없어서는 안 될 두 가지 요소는 주어와 주어의 모습이나 행동을 나타내는 동사라고 할 수 있습니다. 위의 예문 Time flies. 는 주어와 동사만으로도 뜻이 충분히 전달됩니다. 주어와 동사 이외의 요소들은 뜻을 좀 더 보충해 주는 것이므로 없어도 말은 통하죠.

2 어느 나라 말이든 모든 문장은 크게 주어를 나타내는 부분과 주어 이외의 부분 즉, 주어를 서술하는 부분으로 이루어지죠. 주어는 우리말의 '~은, 는, 이, 가'에 해당되고 그 나머지 전체가 서술어 부분인데, 이 서술부의 중심이 바로 동사랍니다.

3 그러나 서술어 부분의 핵심이 동사라고 해서 모든 문장이 주어와 동사만으로 이루어지는 것은 아니죠. 서술어(동사)에 따라서 보충하는 말(보어)이 따라와야 하거나 행위의 대상(목적어)이 되는 말이 필요한 경우도 있습니다.

1 **문장이 되려면 주어, 동사는 꼭 필요하다.**

아래 예문은 주어와 동사만으로도 말이 되는 문장의 예들이다.

Five minutes passed.
5분이 지났다.

Ten years have passed so fast.
10년이 아주 빨리 지나갔다.

- so fast는 have passed를 꾸며 주는 말로 없어도 문장의 의미가 통한다.

She sings well.
그녀는 노래를 잘한다.

- well은 sings를 꾸며 주는 말로 없어도 문장의 의미가 통한다.

2 **문장은 주부와 서술부로 이루어진다.**

주어 부분이 아무리 길어도 우리말의 '~은, 는, 이, 가'에 해당되는 부분 전체를 주어로 생각한다.

I / live in Seoul.
나는(주부) / 서울에 산다.(서술부)

My boyfriend and I / saw a movie last night.
남자친구와 나는(주부) / 어젯밤에 영화를 보았다.(서술부)

The woman in the car / is my sister.
차 안에 있는 여자가(주부) / 내 여동생이다.(서술부)

3 **동사에 따라 보어나 목적어가 필요한 경우도 있다.**

아래 예문은 주격 보어가 있어야 뜻이 통하는 경우다.(서술어가 되는 동사에 따라 주어를 보충 설명해 주는 말이 꼭 필요한 경우가 있는데, 이런 말을 '주격 보어'라고 한다.)

She is the winner.
그녀가 우승자다.

- is 동사는 '~이다'란 뜻으로 '~' 자리에 주격 보어가 와야 뜻이 통한다.

She looks happy.
그녀는 행복해 보인다.

- look 동사는 '~하게 보이다'란 뜻이다.

It smells good.
그것은 좋은 냄새가 난다.

- smell 동사는 '~한 냄새가 나다'란 뜻이다.

It's getting dark.
날이 어두워지고 있다.

- get 동사는 '~되다' 란 뜻이다.

It sounds great.
그것 괜찮게 들린다. (좋아.)

- sound 동사는 '~하게 들리다' 란 뜻이다.

아래 예문은 동사의 '목적어' 가 필요한 경우다.(동사 다음에 우리말의 '을 (를)' 에 해당되는 말이 없을 경우 문장 전체의 의미가 통하지 않거나 다르 게 이해될 수 있다. 이렇게 '을(를)' 에 해당되는 말을 동사의 '목적어' 라고 한다.)

She likes chocolate very much.
그녀는 초콜릿을 아주 좋아한다.

I don't eat raw fish.
나는 날생선을 먹지 않는다.

주어가 없는 문장도 있다

영어의 문장은 주어와 서술어(동사)로 구성하는 것이 원칙이지만 주어 부분이 생략되 는 경우도 있다.

Be quiet. 조용히 해.

Don't cry. 울지 마.

- 누군가에게 명령하는 문장인 경우 주어 you 생략.

What a lovely day (it is)! 정말 화창하구나!

How exciting (it is)! 정말 신난다!

- 감탄하는 문장인 경우 주어와 동사 생략.

(I) Thank you. 감사합니다.

(I am) Sorry. 미안합니다.

(It is) Nice to meet you. 만나서 반갑습니다.

- 관용적으로 주어 또는 주어와 동사 생략.

GROUP
01

2 목적어와 목적 보어로 문장을 완성하자

She gave me some apples. 그녀는 나에게 사과 몇 개를 주었다.
I made her an apple pie. 나는 그녀에게 사과 파이를 만들어 주었다.

She gave some apples to me. 그녀는 나에게 사과 몇 개를 주었다.
I made an apple pie for her.
나는 그녀를 위해 사과 파이를 만들어 주었다.

I saw her eating an apple pie.
나는 그녀가 사과 파이를 먹는 것을 보았다.
An apple pie makes her happy. 사과 파이는 그녀를 행복하게 한다.

이보영의 ★ Point

1 목적어가 두 개인 문장도 있다.
   She told me the truth.
2 목적어 두 개를 하나로 바꿀 수 있다.
   I will buy a diamond ring for her.
3 목적어를 보충해 주는 말이 필요한 문장도 있다.
   I painted my house white.

1 주어와 동사만으로도 말은 되지만 문장에 따라 어떤 말이 더 필요한 경우도 많죠. 그 중 하나가 목적어고요. 그런데 목적어가 두 개인 문장이라면, I like ice-cream and candy. 이런 경우일까요? 그렇지는 않습니다. 이렇게 목적어가 and로 연결된 문장은 목적어가 하나인 것으로 취급하죠. 목적어가 두 개라는 것은 '~을(를)' 이라는 말과 '~에게' 라는 대상을 가리키는 말이 함께 필요한 문장입니다.

2 목적어가 두 개인 문장은 목적어가 한 개인 문장으로 바꿀 수 있습니다. 이럴 때는 '~을(를)' 이라는 뜻의 목적어만 남는다는 점 잊지 마세요. 여러 예문을 통해 정확히 익혀 두죠.

3 주어와 동사, 목적어, 이렇게 필요한 부분을 다 갖추었는데도 왠지 의미가 통하지 않는 경우가 있습니다. 이럴 때는 목적어를 보충해 주는 또 다른 말이 필요하답니다. 이를 '목적 보어' 라고 하지요. 앞에서 주어와 동사만으로 의미가 통하지 않는 문장에서 '주격 보어' 가 필요했듯이요.

1 목적어가 두 개인 문장도 있다.

동작의 대상을 가리키는 말인 '~에게' 라는 말도 목적어에 속한다.

She told me the truth. 그녀는 나에게 진실을 말해 주었다.

- 동작의 대상을 가리키는 말인 me(나에게)와 the truth(진실을)가 목적어가 된다.

I sent him a postcard. 나는 그에게 엽서를 보냈다.

Can you lend me your car? 나에게 네 차를 좀 빌려 주겠니?

He showed me some pictures. 그는 나에게 사진 몇 장을 보여 주었다.

2 목적어 두 개를 하나로 바꿀 수 있다.

'~에게' 라는 목적어는 경우에 따라 '전치사+대상' 으로 바꿀 수 있다. '전치사+~' 는 목적어가 아니므로, 목적어는 '~을(를)' 한 가지만 남게 된다. 우선 '~을(를)+for 대상' 으로 바꾸는 경우의 예를 보자.
동사로는 make, buy, get, find 등이 있다.

I will buy her a diamond ring.
→ **I will buy** a diamond ring for her.

나는 그녀에게 다이아몬드 반지를 사줄 것이다.

Will you get me some water? 물 좀 주시겠어요?
→ **Will you get** some water for me?

ask는 '~에게' 를 'of ~' 로 바꿀 수 있다.

I asked him some questions. 나는 그에게 몇 가지 질문을 했다.
→ **I asked** some questions of him.

'~에게' 를 'to 대상' 으로 바꾸는 경우, 위의 경우를 제외한 대부분의 동사가 해당한다.

She told me the truth. 그녀는 나에게 진실을 말해 주었다.
→ **She told** the truth to me.

I sent him a postcard. 나는 그에게 우편 엽서를 보냈다.
→ **I sent** a postcard to him.

Can you lend me your car? 나에게 네 차를 좀 빌려 주겠니?
→ **Can you lend** your car to me?

He showed me some pictures. 그는 내게 몇몇 사진을 보여 주었다.
→ He showed some pictures to me.

3 **목적어를 보충해 주는 말이 필요한 문장도 있다.**
다음은 목적 보어가 있을 때와 없을 때 의미가 달라지는 경우다.

I painted my house. 나는 우리 집을 칠했다(우리 집에 페인트칠을 했다).

I painted my house white. 나는 우리 집을 흰색으로 칠했다.

I saw him. 나는 그를 보았다.

I saw him enter the room. 나는 그가 방에 들어가는 것을 보았다.

• white와 enter는 목적어인 my house와 him을 보충하여 설명해 주는
말로 목적 보어라 한다.

다음은 목적 보어가 없을 때 그 의미가 잘 통하지 않는 경우다.

His music makes me.(?) 그의 음악은 나를 만든다.(?)

His music makes me relaxed. 그의 음악은 나를 편안하게 만든다.

한 발짝 더 ☐

목적어와 목적 보어 구분하기
목적어가 두 개일 때는 '~에게 ~를'로, 목적 보어가 있을 때는 '~를 ~로'의 의미로
풀이하면 된다.

She made me spaghetti. 그녀는 나에게 스파게티를 만들어 주었다.

• me ≠ spaghetti의 관계일 경우, 두 개의 목적어로 보아야 한다.

She made me a lawyer. 그녀는 나를 변호사로 만들었다.

• me = a lawyer일 경우, 뒤의 말은 목적어를 보충하는 목적 보어다.

I will choose you a good book. 내가 너에게 좋은 책을 골라 줄게.

• you ≠ a good book

We elected her chairman of our club.
우리는 그녀를 우리 클럽의 회장으로 뽑았다.

• her = chairman of our club

1 문장의 구성이 같은 것을 골라 밑줄에 a ~ e를 적으세요.

> a. I sent her a bunch of flowers.
> b. We want a bigger house.
> c. She speaks very quickly.
> d. They called her 'Cinderella'.
> e. They are a team.

1. He talks too much. <u>c. She speaks very quickly.</u>
2. She is a teacher. _____
3. I like science fiction films. _____
4. He gave me one more chance. _____
5. Computer games make me excited. _____

2 목적어가 두 개인 문장을 찾고, 해당 부분에 밑줄을 그으세요.

1. We like playing tennis.
2. I wrote a letter to him.
3. He gave <u>me a gift</u>.
4. She teaches us English.
5. I will get you some water.
6. She bought a book for me.
7. We call him 'Peter Pan'.
8. She told me the truth.
9. He showed his pictures to me.
10. Would you lend me some money?

3 주어 또는 목적어를 보충하는 말(보어)이 있는 문장을 찾고, 해당 부분(보어)에 밑줄을 그으세요.

1. She is <u>a fast runner</u>.
2. Birds sing.
3. He runs very fast.
4. I saw a bird sitting on the tree.
5. I like flowers.
6. She is an actress.

38

7. I heard him calling my name.

8. They live together.

9. It's getting colder.

10. I feel better today.

4 괄호 안의 단어들을 순서대로 배열하여 완성된 문장을 만드세요.

1. (like / I / very / swimming / much)

→ I like swimming very much.

2. (father / a / is / my / police officer)

→

3. (tired / very / look / you)

→

4. (bought / he / a pair of / me / shoes)

→

5. (I / difficult / it / found)

→

정답 및 해설

1 1. c 2. e 3. b 4. a 5. d

a. 나는 그녀에게 꽃다발을 보냈다. b. 우리는 좀 더 큰 집을 원한다. c. 그녀는 말을 아주 빨리 한다.
d. 그들은 그녀를 '신데렐라'라고 불렀다. e. 그들은 한 팀이다.
1. 그는 말이 너무 많다. 2. 그녀는 선생님이다. 3. 나는 공상과학 영화를 좋아한다.
4. 그는 나에게 기회를 한 번 더 주었다. 5. 나는 컴퓨터 게임을 하면 즐겁다.

2 3. He gave me a gift. 4. She teaches us English. 5. I will get you some water.
8. She told me the truth. 10. Would you lend me some money?

1. 우리는 테니스 치는 것을 좋아한다. 2. 나는 그에게 편지를 썼다. 3. 그는 나에게 선물을 주었다.
4. 그녀는 우리에게 영어를 가르친다. 5. 물을 좀 갖다드릴게요. 6. 그녀는 나에게 책을 한 권 사주었다.
7. 우리는 그를 '피터 팬'이라고 부른다. 8. 그녀는 나에게 진실을 말해주었다.
9. 그는 나에게 자신의 사진을 보여주었다. 10. 나한테 돈 좀 빌려줄 수 있어요?

3 1. She is a fast runner. 4. I saw a bird sitting on the tree. 6. She is an actress.
7. I heard him calling my name. 9. It's getting colder. 10. I feel better today.

1. 그녀는 아주 빨리 달리는 사람(선수)이다. (그녀는 아주 빨리 달린다.) 2. 새들이 노래한다.
3. 그는 아주 빨리 달린다. 4. 나는 새 한 마리가 나무에 앉아 있는 것을 보았다. 5. 나는 꽃을 좋아한다.
6. 그녀는 배우이다. 7. 나는 그가 내 이름을 부르는 것을 들었다. 8. 그들은 함께 산다.
9. 날씨가 더 추워지고 있다. 10. (나는) 오늘은 좀 나아진 것 같다.

4 1. I like swimming very much. 2. My father is a police officer. 3. You look very tired.
4. He bought me a pair of shoes. 5. I found it difficult.

1. 나는 수영을 아주 좋아한다. 2. 우리 아버지는 경찰이시다. 3. 너 아주 피곤해 보인다.
4. 그는 나에게 신발 한 켤레를 사주었다. 5. 나는 그것이 어렵다는 것을 알았다.

GROUP 02

1 be 동사를 알면 영어가 보인다

MP3 강의 CD 02

I am Korean. 나는 한국인이다.
You are American. 너는 미국인이다.
She is French. 그녀는 프랑스인이다.
He is handsome. 그는 미남이다.
It is green. 초록색이다.
They are singers. 그들은 가수들이다.
We are friends. 우리는 친구들이다.

이보영의 ★ Point

1 be 동사는 움직임을 나타내진 않지만 동사다.
She is a singer.

2 be 동사는 주어에 따라 모양이 변한다.
I am an actor. / You are a doctor. / She is pretty.

3 be 동사는 여러 가지 의미로 쓰인다.
I am tired. / I am in my room now.

1 '동사(動詞)' 하면 움직임을 나타내는 말이죠. 하지만 영어의 기본 동사 be는 흔히 '~이다' 라고 해석하죠. 그래서 동사라는 게 쉽게 이해되지 않을 때가 있습니다. 영어에서는 움직임을 나타내는 말뿐만 아니라 이처럼 '~이다' 또는 '~하다' 라는 말도 모두 동사로 본다는 점 꼭 기억해 두시기 바랍니다.

2 기본 형태가 be이다 보니 'be 동사' 라고 부르지만 일반적인 문장에서 be라고 쓰이는 경우는 그리 많지 않습니다. I am ~, You are ~, He is ~처럼 주어에 따라 모양을 달리 해서 쓰죠. 쉬운 듯하지만 정확하게 알아 두지 않으면 혼동할 수 있습니다. 예문과 연습문제를 통해 입에 붙도록 연습하세요.

3 be 동사는 '~이다', '~하다', '~이 있다', '~이 되다' 등으로 해석합니다. 이렇게 한 가지 형태가 여러 가지 의미를 가지고 있어 자칫 엉뚱하게 이해할 수도 있습니다. 예문을 통해 확실히 익혀 두는 것이 중요합니다.

1 be 동사는 움직임을 나타내진 않지만 동사다.

sing처럼 동작을 나타내는 동사도 있지만 그렇지 않은 경우도 있다.

She sings very well. 그녀는 노래를 아주 잘한다.

• sing : '노래하다' 라는 뜻의 동사

She is a singer. 그녀는 가수다.

And she is very beautiful. 그리고 그녀는 아주 아름답다.

2 be 동사는 주어에 따라 모양이 변한다.

주어가 나, 너에 해당하는 1, 2인칭일 경우의 be 동사 모양

I am an actor. 나는 배우다.

You are a doctor. 너는 의사다.

We are friends. 우리는 친구다.

You are baseball players. 너희들은 야구 선수들이다.

주어가 사람을 뜻하는 3인칭일 경우의 be 동사 모양

She is pretty. 그녀는 예쁘다.

He is handsome. 그는 잘생겼다.

They are a married couple. 그들은 결혼한 사이다.

주어가 사람 이외의 것을 뜻하는 3인칭일 경우의 be 동사 모양

It is a cat. 그것은 고양이다.

This is a dog. 이것은 개다.

They are animals. 그것들은 동물들이다.

• 나/우리(1인칭), 너/너희들(2인칭)을 제외한 모든 것은 3인칭이다.

3 be 동사는 여러 가지 의미로 쓰인다.

'~이다' 또는 '~하다' 란 뜻

I am tired. 나는 피곤하다.

I am a basketball player. 나는 농구선수다.

She is a genius. 그녀는 천재다.

She is very smart. 그녀는 아주 똑똑하다.

'~이 있다', '존재하다' 또는 '~이 되다' 란 뜻

I am in my room now. 나는 지금 내 방에 있다.

- '~이 있다' 의 의미일 경우 장소를 나타내는 말과 함께 쓴다.

I think, therefore I am. 나는 생각한다. 그러므로 나는 존재한다.

- '존재하다' 의 의미는 주로 문어체에서 쓰인다.

My son will be a doctor after he graduates from college. 우리 아들은 대학을 졸업하고 나면 의사가 될 것이다.

He wants to be an actor. 그는 영화배우가 되고 싶어한다.

한 발짝 더 □

be 동사의 단축형

I am happy. → I'm happy. 나는 행복하다.

You are my friend. → You're my friend. 너는 내 친구다.

We are busy now. → We're busy now. 우리는 지금 바쁘다.

He is in the office. → He's in the office. 그는 사무실에 있다.

She is pretty. → She's pretty. 그녀는 예쁘다.

That is right. → That's right. 맞아.

It is true. → It's true. 그건 사실이야.

They are my brothers. → They're my brothers.
그들은 내 형제들이다.

주어가 '나+3인칭' 이라면?

아래 예문에서 보듯이 'He and I' 처럼 3인칭과 1인칭이 함께 주어가 되면 1인칭 복수가 되어 be 동사는 are가 된다.

He and I are members of the tennis club.
그와 나는 테니스 클럽의 회원이다.

2 일반동사까지 알면 영어가 풀린다

MP3 강의 ▶▶▶

She likes **music**. 그녀는 음악을 좋아한다.
He likes **sports**. 그는 스포츠를 좋아한다.
They like **movies**. 그들은 영화를 좋아한다.
I study **English**. 나는 영어를 공부한다.
She studies **French**. 그녀는 프랑스어를 공부한다.
We study **foreign languages**. 우리는 외국어를 공부한다.

이보영의 ★ Point

1 일반동사란 be 동사를 뺀 나머지 동사들이다.
I usually eat breakfast at 7:00 in the morning.
2 일반동사는 주어가 3인칭 단수일 때만 변화한다.
She lives in Seoul.
3 동사가 변화할 때 동사 끝의 철자에 따라 모양이 달라진다.
Mary goes shopping on Sundays.

1   일반동사란 간단히 말하면, be 동사를 뺀 나머지 동사들을 이르는 말입니다. 수많은 동사가 있겠지요. eat(먹다), sleep(자다), study(공부하다), have(가지다), like(좋아하다) 등 우리가 일상적으로 쓰는 모든 의미의 동사가 바로 일반동사랍니다.

2   be 동사는 주어가 바뀔 때마다 덩달아 자기도 모양이 바뀌었지요? 일반동사는 그 정도로 변덕스럽지는 않습니다. 일반동사는 기본 형태인 '동사원형'과 '3인칭 단수 형태'가 있을 뿐이죠. '3인칭 단수 형태'란 주어가 한 명(한 개)의 3인칭을 가리킬 때 동사 끝에 s를 붙여 표시하는 걸 말합니다.

3   그러나 좀 안타까운 것은 일반동사의 3인칭 단수 형태가 모두 한 가지 모양으로 변하지 않는다는 점입니다. 동사의 끝 철자가 무엇이냐에 따라 몇 가지 정해진 원칙이 있다는 것에 주의하시기 바랍니다. 예를 들면, 끝 철자에 따라 es를 붙인다거나, 끝 철자가 y로 끝날 경우 y를 i로 고쳐 es를 붙이는 경우가 있죠.

1 일반동사란 be 동사를 뺀 나머지 동사들이다.

I usually eat breakfast at 7:00 in the morning.
나는 보통 아침 7시에 아침을 먹는다.

They think the opera is boring.
그들은 오페라가 지루하다고 생각한다.

They want to see a movie.
그들은 영화를 보고 싶어한다.

2 일반동사는 주어가 3인칭 단수일 때만 변화한다.

주어가 3인칭 단수일 때 love → loves, like → likes, begin → begins, stop → stops처럼 동사원형 뒤에 s를 붙인다. 그 밖의 모든 경우엔 원형을 쓴다.

She lives in Seoul.
그녀는 서울에 산다.

• 주어 She는 3인칭 단수이므로 live에 s를 붙여 lives가 된다.

He lives in New York.
그는 뉴욕에 산다.

• 주어 He는 3인칭 단수이므로 live에 s를 붙여 lives가 된다.

They live in different cities.
그들은 서로 다른 도시에 살고 있다.

• 주어 They는 3인칭이나 복수를 뜻하므로 동사원형 그대로 쓴다.

I like soccer.
나는 축구를 좋아한다.

You like baseball.
너는 야구를 좋아한다.

We like sports.
우리는 스포츠를 좋아한다.

3 동사가 변화할 때 동사 끝의 철자에 따라 모양이 달라진다.

s, x, sh, ch, o로 끝나는 동사원형은 끝에 es를 붙인다. (kiss → kisses, mix → mixes, wash → washes, watch → watches, do → does, go → goes)

Mary goes shopping on Sundays.
메리는 일요일마다 쇼핑을 하러 간다.

Jane does nothing on Sundays.
제인은 일요일이면 아무것도 하지 않는다.

자음+y로 끝나는 동사는 y를 i로 고쳐 es를 붙인다.
(study → studies, fly → flies)

Mary studies French three hours a week.
메리는 일주일에 세 시간 프랑스어 공부를 한다.

y 앞에 모음이 오면 그냥 s를 붙인다.

She enjoys her French class.
그녀는 프랑스어 시간을 좋아한다.

He says that Jane is a liar.
그는 제인이 거짓말쟁이라고 말한다.

have 동사는 has가 된다. 중요하므로 꼭 기억해 두어야 한다.

I have many books.
나는 많은 책을 갖고 있다.

She has many books.
그녀는 많은 책을 갖고 있다.

1 밑줄에 be 동사의 알맞은 형태를 넣으세요.

1. My birthday _is_ coming soon.
2. What _____ you doing?
3. I ____ a dentist.
4. They ____ all in my family.
5. He ____ working with us.
6. Where ____ you from?
7. This ____ my bicycle.
8. We ____ watching TV.
9. She ____ my sister.
10. The earth ____ round like a ball.

2 be 동사의 축약형을 넣어 문장을 완성해 보세요.

1. She_'s_ very smart.
2. We____ learning English together.
3. That____ a good idea.
4. I____ having lunch.
5. They____ my classmates.

3 be 동사가 같은 의미로 쓰인 문장끼리 연결하세요.

---

a. Why do you want to be a lawyer?

b. To be or not to be; that is the question.

c. She is in the kitchen.

d. He is a soccer player.

e. She is very beautiful.

---

1. She is my girlfriend. _d. He is a soccer player._
2. He is very tall. _____
3. They are in the library. _____
4. I think you will be a good teacher. _____
5. I think, therefore I am. _____

4 보기의 동사 가운데 하나를 골라 밑줄에 알맞은 모양으로 넣으세요. (의미상 가장 적당한 동사를 선택하세요.)

> pay, watch, work, like, live, go, have, cry, know, study, eat, write

1. Jack <u>likes</u> sports. Watching sports is his favorite hobby.
2. We _____ each other very well. We are best friends.
3. They _____ two daughters. One is 16 and the other is 18.
4. She _____ in a city, but she wants to move to the country.
5. Mary _____ at a bank, but she wants another job.
6. She _____ in her diary every day.
7. Tom _____ history at college. History is his major.
8. Your hat _____ well with your coat.
9. She _____ 500 dollars a month for her house.
10. My baby _____ if she is hungry.
11. Jane is on a diet. She _____ nothing after 5 p.m.
12. My brother only _____ sports on TV.

정답 및 해설

1 1. is 2. are 3. am 4. are 5. is 6. are 7. is 8. are 9. is 10. is
   1. 내 생일이 곧 다가온다. 2. 지금 뭐 하고 있니? 3. 나는 치과의사다. 4. 그들은 모두 나의 가족이다.
   5. 그는 우리와 함께 일하고 있다. 6. 어디서 오셨나요? / 어디 출신이신가요? 7. 이것은 내 자전거다.
   8. 우리는 TV를 보고 있다. 9. 그녀는 내 여동생이다. 10. 지구는 공처럼 둥글다.

2 1. 's 2. 're 3. 's 4. 'm 5. 're
   1. 그녀는 아주 똑똑하다. 2. 우리는 함께 영어를 배우고 있다. 3. 그거 좋은 생각이다.
   4. 나는 점심을 먹고 있다. 5. 그들은 나와 같은 반 친구들이다.

3 1. d 2. e 3. c 4. a 5. b
   a. 넌 왜 변호사가 되고 싶어하니? b. 사느냐 죽느냐, 그것이 문제로다. c. 그녀는 부엌에 있다.
   d. 그는 축구선수다. e. 그녀는 매우 아름답다.
   1. 그녀는 나의 여자친구다. 2. 그는 키가 아주 크다. 3. 그들은 도서관에 있다.
   4. 나는 네가 훌륭한 선생님이 될 거라고 생각한다. 5. 나는 생각한다. 그러므로 나는 존재한다.

4 1. likes 2. know 3. have 4. lives 5. works 6. writes 7. studies 8. goes 9. pays
   10. cries 11. eats 12. watches
   1. 잭은 스포츠를 좋아한다. 스포츠 관람이 그가 가장 좋아하는 취미다.
   2. 우리는 서로를 잘 안다. 우리는 가장 친한 친구다.
   3. 그들에게는 두 딸이 있다. 한 명은 16살이고 또 한 명은 18살이다.
   4. 그녀는 도시에 살고 있는데 시골로 이사하고 싶어한다.
   5. 메리는 은행에서 일하고 있지만 다른 직업을 원한다. 6. 그녀는 매일 일기를 쓴다.
   7. 톰은 대학에서 역사를 공부한다. 역사는 그의 전공이다. 8. 모자가 코트와 잘 어울리는군요.
   9. 그녀는 집세로 한 달에 500달러를 낸다. 10. 우리 아기는 배가 고프면 운다.
   11. 제인은 다이어트 중이다. 그녀는 오후 5시 이후에는 아무것도 먹지 않는다.
   12. 우리 오빠는 TV에서 운동경기만 본다.

GROUP 03

1 주어에 따라 동사 모양이 바뀐다

MP3 강의 CD 03

I work **at a bank.** 나는 은행에서 일한다.
He works **at an insurance company.**
그는 보험회사에서 일한다.
We work **very hard.** 우리는 아주 열심히 일한다.

The staff is **too large.** 직원 수가 너무 많다.
The staff are **working overtime.** 직원들이 초과근무를 하고 있다.

Mathematics is **my favorite class.**
수학은 내가 제일 좋아하는 시간이다.

이보영의 ★ Point

> **1 주어와 동사는 일치시켜야 한다.**
> I am **Korean.** / He is **Korean.**
> **2 같은 주어라도 의미에 따라 동사 모양이 달라진다.**
> My family is **large.** / My family are **all healthy.**
> **3 모양은 복수지만 단수로 취급하는 주어를 조심하자.**
> 5 years is **a long time to wait.**

1 be 동사와 일반동사를 다루면서, 우리말과 달리 영어에서는 주어가 누구를 가리키는지(인칭) 또는 몇 명인지(수)에 따라 동사 형태가 달라진다는 점을 이미 아셨을 거예요. 그렇게 주어에 맞춰 적당한 동사의 형태를 써주는 것을 주어와 동사의 일치라고 합니다.

2 똑같은 말이 주어로 쓰여도 의미에 따라 단수로도 복수로도 쓰일 수 있습니다. 주어가 의미하는 것을 정확히 이해해야만 주어가 몇 명(몇 개)인지를 알 수 있고, 동사를 정확히 쓸 수 있습니다. family란 단어 등이 대표적인데, 예문을 통해 확인해 보죠.

3 단어 중에는 모양이 복수임에도 불구하고 단수로 취급하는 경우가 있습니다. 이런 단어가 주어로 쓰일 경우에는 동사도 단수로 써야 합니다. 예를 들면, 우리가 흔히 쓰는 news(뉴스, 소식)도 모양은 복수지만 단수로 취급하죠.

1 주어와 동사는 일치시켜야 한다.

예문을 통해 주어에 따라 동사가 어떻게 변하는지 살펴보자.

I am Korean.

He is Korean.

- 영어는 누가 한국인인가에 따라 동사가 변한다.

나는 한국인이다.

그는 한국인이다.

- 우리말은 누가 한국인이든 동사에 차이가 없다.

She is Korean.

They are Korean.

- 영어는 몇 명이 한국인인가에 따라 동사가 달라진다.

그녀는 한국인이다.

그들은 한국인이다.

- 우리말은 몇 명이 한국인이든 동사에 차이가 없다.

I go to school.

He goes to school.

- 영어는 누가 가는가에 따라 동사가 달라진다.

나는 학교에 간다.

그는 학교에 간다.

- 우리말은 누가 가든 동사에 차이가 없다.

She goes to school.

They go to school.

- 영어는 몇 명이 가는가에 따라 동사가 달라진다.

그녀는 학교에 간다.

그들은 학교에 간다.

- 우리말은 몇 명이 가든 동사에 차이가 없다.

2 같은 주어라도 의미에 따라 동사 모양이 달라진다.

My family is large. 나의 가족은 대가족이다.

My family are all healthy. 우리 가족은 모두 건강하다.

The committee is **out of session.** 위원회는 휴회 중이다.

The committee do **not agree on this matter.**
위원들은 이 문제에 대해 의견이 같지 않다.

- 한 집단을 전체적으로 볼 때는 단수, 그 구성원 하나하나를 볼 때는 복수로 생각한다.

3 모양은 복수지만 단수로 취급하는 주어를 조심하자.
모양은 복수지만 단수로 취급하는 말들과 예문을 살펴보자.

physics 물리학　**electronics** 전자공학　**economics** 경제학

politics 정치학　**athletics** 체육　**gymnastics** 체조

news 뉴스, 소식　**means** 수단, 방법　**species** 종, 종류

The police have **arrested the serial killer.** (○)
The police has **arrested the serial killer.** (×)
경찰이 연쇄살인범을 체포했다.

- police는 언제나 복수로 취급한다.

5 years is **a long time to wait.** (○)
5 years are **a long time to wait.** (×)
5년은 기다리기에 긴 시간이다.

- 거리, 시간, 금액 등은 전체를 하나로 생각한다.

한 발짝 더 ☐

복수로 외워 두면 좋은 단어도 익혀 두자.

glasses(안경), scissors(가위)가 대표적이다. pants, shorts, trousers, jeans, pantaloons 등의 바지 종류, pajamas(파자마)도 있다. 예문의 동사를 잘 익혀 두자.

My glasses are **broken.** 내 안경이 깨졌다.

These scissors are **sharp.** 이 가위는 잘 든다.

These jeans are **too short for me.** 이 청바지는 나한테 너무 짧다.

GROUP

03

2 시험에 잘 나오는 주어의 형태

MP3 강의 ▶▶▶

Mary and Jane are **classmates.** 메리와 제인은 같은 반 친구다.
Both Tom and Jack like **Mary.**
톰과 잭은 둘 다 메리를 좋아한다.

Every boy in this class likes **Mary.**
이 반의 모든 남학생이 메리를 좋아한다.
Most of the girls in this class like **Jane.**
이 반의 여학생 대부분은 제인을 좋아한다.

I as well as he like **Mary.** 그뿐만 아니라 나도 메리를 좋아한다.

Neither he nor I like **Jane.** 그도 나도 제인을 좋아하지 않는다.

이보영의 ★ Point

1 여러 개의 말이 연결되어 주어로 쓰이는 경우 동사 모양에 주의해야 한다.
Mary and Jane are **good friends.**

2 여러 개로 보여도 한 가지를 뜻하면 단수다.
Bread and butter goes **well with coffee.**

3 동사의 주체를 선택해야 할 경우도 있다.
Either you or Jane is **wrong.**

1 주어 자리에 하나의 단어만 오면 문제가 간단하겠죠. 하지만 여러 개의 말이 연결되어 주어로 쓰는 경우도 많습니다. 이럴 때 주의할 점은 동사 모양입니다. 당연히 복수로 써야겠죠. 앞에서 배웠듯이 주어가 몇 명 (개)인지에 따라 동사 형태가 달라지기 때문입니다.

2 그러나 주어가 아무리 길고 또 여러 개를 가리키는 것처럼 보이더라도 그것을 하나로 생각해야 하는 경우가 있습니다. 이럴 때는 동사도 거기 에 맞춰 단수 형태로 써줍니다.

3 주어의 자리에 있는 여러 개의 단어 중 어느 하나를 동사의 주체로 정해 야 하는 경우도 있습니다. 그런 경우에는 선택된 단어에 맞춰 동사의 형 태를 일치시켜야 합니다.

1

여러 개의 말이 연결되어 주어로 쓰이는 경우 동사 모양에 주의해야 한다.

3인칭이라도 and로 연결된 경우는 복수로 취급하므로 동사 모양에 주의해야 한다.

Mary and Jane are good friends.

메리와 제인은 좋은 친구다.

> • 두 사람이므로 is를 쓰면 안 된다.

Mary and Jane work at the same company.

메리와 제인은 같은 회사에서 일한다.

> • 3인칭이지만 단수가 아니므로 works를 쓰면 안 된다.

some, most, half 등이 주어로 쓰일 때는 뒤에 오는 말에 따라 그 수가 결정된다.

Some of these books are very interesting.

이 책들 중 일부는 아주 재미있다.

Some of the land belongs to me.

그 땅의 일부는 나의 것이다.

2

여러 개로 보여도 한 가지를 뜻하면 단수다.

and로 연결되었거나 모양이 복잡한 주어일수록 주의해야 한다.

Bread and butter goes well with coffee.

버터 바른 빵은 커피와 잘 어울린다.

A black and white dog is staring at me.

(검은색과 흰색의) 얼룩개 한 마리가 나를 노려보고 있다.

> • 전체로서 하나를 나타내는 경우는 단수로 취급한다.

Every man and woman in this company has an ID card.

이 회사의 모든 사람들은 신분증을 가지고 있다.

No one knows the password.

아무도 암호를 모른다.

> • every, no, each 등으로 수식되는 말은 그 각각의 대상을 주어로 생각하여 단수로 취급한다.

4 from 10 leaves 6. = 10 minus 4 equals 6.

10-4=6

2 times 5 is 10. = 2 times 5 makes 10.

2×5=10

10 divided by 2 makes 5.
10÷2=5

- 수의 계산은 단수로 나타낸다.

4 and 6 is 10. = 4 and 6 make 10.
4+6=10

- 덧셈의 경우는 and로 연결되므로 의미하는 바에 따라 단수, 복수 동사 모두 가능하다.

3 동사의 주체를 선택해야 할 경우도 있다.

Either you or Jane is wrong. 너 아니면 제인이 틀렸다.

Either you or I am wrong. 너 아니면 내가 틀렸다.

Neither he nor you are wrong. 그도 너도 틀린 것이 아니다.

- either A or B(A 아니면 B), neither A nor B(A도 B도 아니고)의 경우 B에 일치시킨다.

I as well as she know the truth.
= Not only does she know, but I also know the truth.
= Not only she, but I also know the truth.
그녀뿐만 아니라 나도 진실을 알고 있다.

- A as well as B(B뿐만 아니라 A도)의 경우 A에 일치시킨다.

한 발짝 더 ☐

'the + 형용사'는 사람들, 즉 복수다.

예를 들어 보면 다음과 같다.

the rich(= rich people), the poor(= poor people), the old(= old people), the young(= young people), the dead(= dead people), the sick(= sick people), the homeless(= homeless people), the injured(= injured people)

The rich are not always happy.
부자라고 반드시 행복한 것은 아니다.

The poor want to be rich.
가난한 사람들은 부자가 되고 싶어한다.

The young are sometimes too reckless.
젊은 사람들은 때로 너무 무모하다.

1 괄호 속의 동사를 주어의 모양에 맞게 밑줄에 넣으세요.

1. My family _is_ large. (be)
2. My father ____ English in a high school. (teach)
3. All my family ____ very tall. (be)
4. My brother ____ a basketball player. (be)
5. Mathematics ____ my favorite subject. (be)
6. These pants ____ me very well. (fit)
7. The police ____ the real criminal. (know)
8. Your scissors ____ very sharp. (be)
9. Two months ____ enough to prepare the exam. (be)
10. Where ____ my pajamas? (be)
11. My glasses ____ made in Italy. (be)
12. The wounded ____ waiting for our help. (be)
13. The homeless ____ more help from the government. (need)
14. People ____ that she is innocent. (say)
15. My children ____ along very well together. (get)

2 괄호 안의 동사 중에서 주어에 맞는 동사를 골라 밑줄을 그으세요.

1. Either you or I (_am_ / are) wrong.
2. Tom and Jack (play / plays) football every Sunday.
3. Some of his books (is / are) very hard to understand.
4. Most of the people (know / knows) about the news.
5. He and I (work / works) at the same company.
6. Every boy and girl in this group (is / are) good at English.
7. Half of the land (belong / belongs) to me.
8. You or Jane (has / have) to stay here.
9. 3 times 4 (make / makes) 12.
10. Half of the bananas (is / are) rotten.
11. Both Tom and Jack (like / likes) sports.
12. I as well as she (keep / keeps) a dog as a pet.
13. Every other student (have / has) to take the exam again.
14. Neither she nor you (is / are) the winner.
15. No one (know / knows) the right answer.

3 보기의 동사 가운데 하나를 골라 괄호 안의 문장을 완성하세요. (주어의 모양에 주의하여 의미상 가장 적당한 동사를 선택하세요.)

> go, complain, wear, break, know

1. (nor I / the password / neither she)
 → Neither she nor I know the password.

2. (the people / some of / of a headache)
 →

3. (glasses / thick / my brother)
 →

4. (sometimes / the old / the young / traditions)
 →

5. (to / school / my sister / the same / and I)
 →

정답 및 해설

1 1. is 2. teaches 3. are 4. is 5. is 6. fit 7. know 8. are 9. is 10. are 11. are 12. are 13. need 14. say 15. get
 1. 우리는 대가족이다. 2. 우리 아버지는 고등학교에서 영어를 가르치신다.
 3. 우리 식구는 모두 키가 아주 크다. 4. 내 남동생은 농구선수다. 5. 수학은 내가 제일 좋아하는 과목이다.
 6. 이 바지는 나한테 잘 맞는다. 7. 경찰은 진범을 알고 있다. 8. 네 귀는 아주 잘 든다.
 9. 두 달이면 시험 준비하는 데 충분하다. 10. 내 짐옷 어디 있어요? 11. 내 안경은 이탈리아제다.
 12. 부상자들은 우리의 도움을 기다리고 있다. 13. 집 없는 사람들은 정부로부터 더 많은 도움을 필요로 한다.
 14. 사람들은 그녀가 결백하다고 말한다. 15. 우리 아이들은 모두 아주 사이좋게 지낸다.

2 1. am 2. play 3. are 4. know 5. work 6. is 7. belongs 8. has 9. makes 10. are 11. like 12. keep 13. has 14. are 15. knows
 1. 너 아니면 내가 틀렸다. 2. 톰과 잭은 일요일마다 축구를 한다.
 3. 그의 책들 중 일부는 이해하기가 아주 힘들다. 4. 그 사람들 대부분이 그 소식에 대해 알고 있다.
 5. 그와 나는 같은 회사에서 일한다. 6. 이 그룹의 모든 소년 소녀들은 영어를 잘한다. 9. 3 곱하기 4는 12다.
 10. 바나나들 중 반이 썩었다. 11. 톰과 잭 둘 다 스포츠를 좋아한다.
 12. 그녀뿐만 아니라 나도 애완용으로 개를 키우고 있다. 13. 다른 모든 학생은 다시 시험을 쳐야 한다.
 14. 그녀도 너도 승리자가 아니다. 15. 아무도 정답을 모른다.

3 1. Neither she nor I know the password. 2. Some of the people complain of a headache.
 3. My brother wears thick glasses. 4. Sometimes the young break the old traditions.
 5. My sister and I go to the same school.
 1. 그녀도 나도 암호를 모른다. 2. 그 사람들 일부는 두통을 호소한다.
 3. 우리 오빠는 두꺼운 안경을 쓴다. 4. 때때로 젊은이들은 옛 관습을 깨뜨린다.
 5. 내 여동생과 나는 같은 학교에 다닌다.

1 There is(are) + 명사 ~

~에 '명사' 가 있다

There is a man waiting for you in your office.

당신 사무실에서 어떤 남자가 당신을 기다리고 있어요.

be 동사를 배우면 꼭 나오는 패턴으로 일상 대화에 자주 쓰인다. 알아 두어야 할 점은 There는 형식적으로 주어 자리에 있을 뿐 주어가 아니라는 것이다. 실질적인 주어는 be 동사 다음에 오는 명사다. 위 문장에서는 a man이다. 해석할 때는 '(실질적인 주어인) 명사가 ~에 있다' 라고 하면 된다.

There are too many cars on the street.

길에 차가 너무 많아요.

There is(are) 뒤에 오는 실제 주어에 따라 동사(is 또는 are)가 결정된다. many cars가 복수로 당연히 there are가 되는 것이다.

There was nothing to see. 볼 게 아무것도 없었어요.

There were many people lining up to buy the ticket.

많은 사람들이 표를 사기 위해 줄을 서 있었다.

2 look + 형용사, look like + 명사

'형용사(명사)' 처럼 보이다, '형용사(명사)' 로 생각되다

You look so young. 당신 참 젊어 보이네요.

앞에서 '주격 보어' 가 있어야 뜻이 통하는 문장이 있음을 배웠다. '~처럼 보이다' , '~인 것 같다' 라는 뜻인 이 패턴은 일상 대화에서 아주 많이 쓴다. look 뒤에 명사를 쓰려면 like를 씀을 잊지 말자.

He looks very tired. 그는 아주 피곤해 보인다.

They looked happy about the results. 그들은 결과에 만족하는 것 같았다.

It looks like snow. 눈이 올 것 같다.

She looked like a queen. 그녀는 여왕처럼 보였다.

3 sound + 형용사, sound like + 명사

'형용사(명사)' 하게 들리다, '형용사(명사)' 로 생각되다

That sounds good. 그거 괜찮게 들린다. (그거 좋겠다.)

look과 마찬가지로 sound 또한 주어를 보충해 주는 '주격 보어' 가 필요하다. 뒤에 명사가 오려면 look처럼 like를 붙여 준다.

You sound hoarse. 목이 쉬었군요.

It sounds like a good idea. 그거 좋은 생각이네요.

4 Either A or B ~

A 또는 B가 ~하다

Either you or he is wrong. 너 아니면 그가 틀린 것이다.

이 패턴은 동사 모양을 잘 봐야 한다. 동사는 B에 맞춰서 써주는데, A와 B 중 동사에 가까운 B가 주어가 된다고 생각하면 된다.

Either Jane or you have to go there. 제인 또는 네가 거기 가야 한다.

Either you or Jane has to become chairperson of our club.
너 아니면 제인이 우리 클럽의 회장이 되어야 한다.

5 Neither A nor B ~

A도 B도 ~하지 않다

Neither you nor I am wrong. 너도 나도 틀린 것이 아니다.

'주어 둘 다 ~ 아니다' 란 뜻의 이 패턴도 A와 B 중 뒤에 나오는 B, 즉 동사에 가까운 명사에 동사 모양을 일치시켜야 한다.

Neither he nor you are the winner. 그도 너도 승자가 아니다.

Neither Jack nor I want to go there. 잭도 나도 거기에 가고 싶지 않다.

Lecture 2

시제

동사를 배웠으니 이제 시제를 익혀 보죠.
시제는 어느 때의 상황인지를 보여 줍니다.
동사에 ed를 붙여 '과거'를 표현하듯
시제는 동사 모양을 바꿔서 만든답니다.
현재 · 과거 · 미래가 있고,
'~하고 있다'를 나타내는 진행,
두 시제를 잇는 완료 시제가 있습니다.
시제만 정확히 알아도 영문법의 반이 해결된다고 할 수 있죠.

1 시제의 기본, 현재와 현재진행

MP3 강의 CD 04

I like computer games. 나는 컴퓨터 게임을 좋아한다.
I am playing a computer game. 나는 컴퓨터 게임을 하고 있다.

She has a car. 그녀는 차를 가지고 있다.
She is driving now. 그녀는 지금 운전을 하고 있다.

It rains a lot here in the summer. 이곳은 여름에 비가 많이 온다.
It is raining outside. 밖에 비가 오고 있다.

이보영의 ★ Point

1 현재 시제에는 '단순한 현재'와 '현재진행' 시제가 있다.
I live in a city. / He is watching TV.

2 현재 시제에는 동사원형을, 현재진행에는 -ing를 쓴다.
I teach English in a school. / I am reading a book.

3 현재 시제는 일반적인 사실을, 현재진행은 지금 일어나는 일을 표현한다.
I live in Seoul. / I am writing a letter now.

1 어느 때의 상황인지를 정하는 것을 보통 '시제'라고 합니다. 현재 상황을 나타낸다면 당연히 현재 시제라고 할 수 있겠죠. 현재 시제에는 '단순한 현재'와 '현재진행'이라고 하는 시제가 있습니다.

2 단순한 현재를 나타낼 때는 동사의 원형을 쓰는 것이 기본입니다. 그러나 주어가 단수/복수냐, 3인칭이냐에 따라 동사가 변한다는 점에 주의해야겠죠. 현재진행은 실제 진행되는 동작을 나타내는 동사의 원형에 -ing를 붙이고, 그 앞에 be 동사를 끼워 넣습니다. 즉 'be -ing'입니다. 위의 예문 She is driving now.에서 is driving처럼요.

3 단순한 현재는 반드시 현재를 나타낸다기보다는, 과거에도 그랬고 지금도 그러한 일반적인 사실이나 상황을 말하는 것이죠. 반면에 현재진행은 주로 말하는 순간에 일어나고 있는 일을 표현할 때 쓴답니다. 예문을 통해 의미 차이를 익혀 보죠.

1 현재 시제에는 '단순한 현재'와 '현재진행' 시제가 있다.

일반적인 사실 또는 상황을 표현하는 '단순한 현재' 시제 예문부터 살펴보자.

I live in a city. 나는 도시에 살고 있다.

I work in a restaurant. 나는 식당에서 일한다.

I like movies. 나는 영화를 좋아한다.

다음은 말하는 순간에 일어나고 있는 상황을 표현하는 '현재진행' 시제 예문을 살펴보자.

I am doing my homework. 나는 숙제를 하고 있다.

She is working now. 그녀는 지금 일을 하고 있다.

He is watching TV. 그는 TV를 보고 있다.

2 현재 시제에는 동사원형을, 현재진행에는 -ing를 쓴다.

단순한 현재 시제에는 동사의 원형을 사용한다.

I teach English in a school. 나는 학교에서 영어를 가르친다.

She teaches French in a school.
그녀는 학교에서 프랑스 어를 가르친다.

We are schoolteachers. 우리는 학교 선생님이다.

She has class today. 그녀는 오늘 수업이 있다.

　　• 단, 주어가 3인칭 단수일 때 -s(es) 붙이는 거 잊지 마세요!

현재진행 시제는 be -ing형이다. (이때 -ing를 동사의 현재분사라고 한다.)

I am reading a book. 나는 책을 읽고 있다.

He is waiting for a bus. 그는 버스를 기다리고 있다.

It is raining. 비가 오고 있다.

They are fighting on the street. 그들은 길에서 싸우고 있다.

3 **현재 시제는 일반적인 사실을, 현재진행은 지금 일어나는 일을 표현한다.**

단순한 현재는 현재의 일반적인 사실, 진리, 그리고 항상 또는 반복적으로 일어나는 일을 표현한다.

I live in Seoul. 나는 서울에 산다.

- 일반적인 사실에 해당한다.

I drink coffee very often. 나는 커피를 자주 마신다.

- 습관에 해당하는 표현이다. 말을 하는 순간에 꼭 커피를 마시고 있는 것은 아니다.

The earth goes around the sun. 지구는 태양 주위를 돈다.

- 영원히 변하지 않는 진리다.

현재진행은 말을 하는 순간에 진행되고 있는 동작, 아직 끝나지 않은 상황, 현재에 일어나고 있는 변화 등을 표현할 때 쓴다.

I am writing a letter now. 나는 지금 편지를 쓰고 있다.

I am writing a novel at the moment.
나는 현재 소설을 쓰는 중이다.

- 말을 하는 순간에 반드시 글을 쓰고 있는 것은 아니지만, I write a novel.(난 소설을 쓴다.)이란 말과는 분명히 다르죠?

My English is getting better. 내 영어 실력이 늘고 있다.

한 발짝 더 ☐

동사의 현재분사형 살펴보기

- -e로 끝나는 동사는 e를 없애고 ing를 붙인다.

  come - coming / **drive** - driving / **live** - living
  - see는 그냥 seeing으로 예외다.

- 강세가 있는 '모음+자음'으로 끝나는 동사는 끝 자음을 겹쳐쓴 후 ing를 붙인다.

  stop - stopping / **plan** - planning / **prefer** - preferring

- -ie로 끝나는 동사는 ie를 y로 바꾼 후 ing를 붙인다.

  lie - lying / **die** - dying

- 위의 경우를 제외한 거의 모든 동사는 원형에 ing를 붙인다.

  look - looking / **hear** - hearing / **play** - playing

2 과거와 과거진행은 모양부터 정확히

MP3 강의 ▶ ▶ ▶

I watched the news on TV yesterday.
나는 어제 TV에서 그 뉴스를 보았다.

I was watching TV when you called me.
네가 전화했을 때 나는 TV를 보고 있었다.

I got up at 6 in the morning. 나는 아침 6시에 일어났다.

I was eating breakfast at 7. 나는 7시에 아침을 먹고 있었다.

Seoul hosted the Olympic Games in 1988.
서울은 1988년에 올림픽 대회를 개최했다.

We were staying in Seoul at that time.
우리는 그 당시 서울에 머무르고 있었다.

이보영의 ✳ Point

1 과거 시제에는 단순 과거 시제와 과거진행 시제가 있다.
I saw him in the library yesterday.
I was reading a book when you saw me.

2 과거 시제는 동사 끝에 ed를 붙이고, 과거진행은 be 동사의 과거형 다음에 -ing의 형태로 쓴다.

3 과거 시제는 과거의 일을, 과거진행은 과거 어느 시점에서 진행되고 있던 일을 표현한다.

---

1   과거 시제란 과거에 일어난 일을 나타내죠. 과거도 현재와 마찬가지로 과거의 일반적인 사실을 나타내는 '단순한 과거'와 과거의 어느 특정한 시점에서 벌어지고 있던 상황을 나타내는 '과거진행', 두 가지가 있죠.

2   과거를 나타내기 위해서는 보통 동사 끝에 -ed를 붙입니다. 그러나 모든 동사가 그렇지는 않습니다. 불규칙하게 변하는 동사들도 꽤 많아 잘 익혀 두어야 합니다. 과거진행은 현재진행처럼 be -ing인데, 차이가 있다면 be 동사의 과거형을 써준다는 점이죠.

3   단순한 과거는 과거의 동작이나 상태, 과거에 있었던 역사적인 사실 등을 나타낼 때 쓰는 반면, 과거진행은 과거 어느 시점에서 진행되고 있던 일 또는 그 시점까지 끝나지 않은 일을 나타냅니다. 그러나 둘 다 현재까지 이어지는 일이 아니라는 점을 기억해 두세요.

1 과거 시제에는 단순 과거 시제와 과거진행 시제가 있다.

단순한 과거 시제는 과거의 일반적인 사실 또는 상황을 표현한다.

I invited my friends to my birthday party.
나는 내 생일 파티에 친구들을 초대했다.

I saw him in the library yesterday.
나는 어제 도서관에서 그를 보았다.

과거진행은 과거의 어느 시점에서 일어나고 있던 상황을 표현한다.

I was reading a book when you saw me.
네가 나를 봤을 때 나는 책을 읽고 있었다.

2 과거 시제는 동사 끝에 ed를 붙이고, 과거진행은 be 동사의 과거형 +-ing의 형태로 쓴다.

과거형은 동사의 원형에 -ed를 붙인다.

I worked very hard when I was young.
나는 젊었을 때 아주 열심히 일했다.

He stopped smoking three months ago.
그는 석 달 전에 담배를 끊었다.

자기만의 독특한 과거형을 갖는 동사도 있다.

I cut the cake in two. 나는 케이크를 반으로 잘랐다.

  • 원형과 과거형이 같은 경우다.

I bought a computer last week. 나는 지난주에 컴퓨터를 샀다.

  • 원형과 과거형이 완전히 다른 경우다. bought는 buy의 과거형이다.

과거진행은 be 동사의 과거형에 -ing를 붙인다.

While I was walking on the street, I met him.
길을 걸어가다가 그를 만났다.

He was talking to someone then.
그때 그는 누군가와 얘기를 하고 있었다.

3 과거 시제는 과거의 일을, 과거진행은 과거 어느 시점에서 진행되고 있던 일을 표현한다.

단순한 과거는 과거의 일반적인 사실이나 동작, 상태 또는 역사적인 사실을 표현할 때 쓴다.

I wanted to be a singer when I was a boy.
나는 어렸을 때 가수가 되고 싶었다.

I liked Elvis Presley when I was young.
나는 젊었을 때 엘비스 프레슬리를 좋아했다.

과거진행은 과거의 어느 시점에서 진행되고 있던 일 또는 그때까지 끝나지 않은 상황을 표현할 때 쓴다.

I was jogging early this morning.
나는 오늘 아침 일찍 조깅을 하고 있었다.

Many people were playing football in the park.
많은 사람들이 공원에서 축구를 하고 있었다.

한 발짝 더 ☐

동사의 과거형 만드는 법

과거형이 규칙적인 동사: 대부분 동사가 이 경우로, 원형에 -(e)d를 붙인다.

- -e로 끝나는 동사는 -d를 붙인다.
  like - liked / love - loved / live - lived / die - died

- '자음 + y' 로 끝나는 동사는 '자음 + i' 로 바꾸고 -ed를 붙인다.
  study - studied / try - tried / cry - cried / fly - flied

- '강세가 있는 모음 + 자음' 으로 끝나는 동사는 끝 자음을 겹쳐쓴 후 -ed를 붙인다.
  plan - planned / occur - occurred / prefer - preferred

- 위의 경우를 제외한 거의 모든 동사는 원형에 -ed를 붙인다.
  listen - listened / watch - watched / play - played

과거형이 불규칙적인 동사: 아예 다르게 변하는 동사들도 있다.

- be 동사의 과거형
  I am - I was / We are - We were
  S(h)e is - S(h)e was / They are - They were

- 원형과 과거형이 같은 경우
  cut - cut / put - put / set - set / let - let / hit - hit

- 원형과 과거형 모양이 아예 다른 경우
  have - had / find - found / pay - paid / teach - taught
  go - went / do - did / see - saw / get - got / sell - sold

진행형을 쓸 수 없는 동사도 있다.

상태 또는 감정을 나타내는 동사는 진행형을 쓰지 못한다.

I have two computers. 나는 컴퓨터 2대를 가지고 있다.
- I am having two computers. (×)

He likes her. 그는 그녀를 좋아한다.
- He is liking her. (×)

이외에도 know, belong to 등의 동사도 진행형을 쓰지 못한다.

1 보기의 동사 가운데 하나를 골라 현재진행형으로 문장을 완성하세요. (의미상 가장 적당한 동사를 선택하세요.)

> look, get, talk, watch, learn

1. "Where is Jack?"
   "He is watching TV in the living room."
2. It _____ cold. Please turn on the heater.
3. He _____ on the phone.
4. I _____ English and Chinese.
5. He _____ for a job.

2 보기의 동사 가운데 하나를 골라 과거 또는 과거진행형으로 문장을 완성하세요. (의미상 가장 적당한 동사를 선택하세요.)

> wait, meet, write, take, prepare

1. "When did you meet him first?"
   "I met him two years ago."
2. I _____ for my girlfriend when you saw me in the cafe yesterday.
3. She _____ supper when I came home.
4. I _____ three classes last semester.
5. He _____ a novel when I met him last year.

3 괄호 안의 시제 중에서 문장에 어울리는 시제를 골라 밑줄을 그으세요.

1. I (read / am reading) a novel now.
2. She (lives / is living) in Seoul.
3. He (meets / is meeting) Jane in a coffee shop now.
4. The Earth (goes / is going) around the sun.
5. We (know / are knowing) each other very well.
6. It (snows / is snowing) a lot in winter here.
7. Stocks (improve / are improving) slowly these days.
8. He (drinks / is drinking) coffee very often.
9. I (believe / am believing) in him.

10. He (does / is doing) research on ancient history these days.

4 괄호 안의 시제 중에서 문장에 어울리는 시제를 골라 밑줄을 그으세요.

1. "Did you see the game at the stadium?"
   "No, I (<u>watched</u> / was watching) it on TV."

2. I (ate / was eating) breakfast when you called me this morning.

3. France (hosted / was hosting) the 1998 World Cup.

4. I (saw / was seeing) them in a restaurant.

5. Apollo 11 (landed / was landing) on the moon in 1969.

6. He (waited / was waiting) for me when I arrived there.

7. They (had / were having) a meeting when I visited them.

8. Shakespeare (wrote / was writing) many plays.

9. "Did you see Tom today?"
   "Yes, I saw him in the library. He (wrote / was writing) a report."

10. I (got / was getting) up at six today.

정답 및 해설

1 1. is watching 2. is getting 3. is talking 4. am learning 5. is looking

1. "책은 어디 있어?" "그는 거실에서 TV를 보고 있어." 2. 날씨가 추워지네요. 히터를 틀어 주세요. 3. 그는 통화 중입니다. 4. 나는 영어와 중국어를 배우고 있다 5. 그는 일자리를 찾고 있다.

2 1. met 2. was waiting 3. was preparing 4. took 5. was writing

1. "언제 그를 처음 만났어요?" "2년 전에 만났어요." 2. 어제 네가 그 카페에서 날 봤을 때 난 내 여자친구를 기다리고 있었어. 3. 내가 집에 왔을 때 그녀는 저녁을 준비하고 있었다. 4. 나는 지난 학기에 세 과목을 들었다. 5. 내가 작년에 그를 만났을 때 그는 소설을 쓰고 있었다.

3 1. am reading 2. lives 3. is meeting 4. goes 5. know 6. snows 7. are improving 8. drinks 9. believe 10. is doing

1. 나는 지금 소설책을 읽고 있다. 2. 그녀는 서울에 산다. 3. 그는 지금 커피숍에서 제인을 만나고 있다. 4. 지구는 태양 주위를 돈다. 5. 우리는 서로를 아주 잘 안다. 6. 이곳은 겨울에 눈이 많이 온다. 7. 요즘 주가가 천천히 오르고 있다. 8. 그는 커피를 굉장히 자주 마신다. 9. 나는 그를 신뢰한다. 10. 그는 요즘 고대사 연구를 하고 있다.

4 1. watched 2. was eating 3. hosted 4. saw 5. landed 6. was waiting 7. were having 8. wrote 9. was writing 10. got

1. "경기장에서 그 경기를 봤니?" "아니, TV에서 봤어." 2. 오늘 아침에 네가 전화했을 때 난 아침을 먹고 있었어. 3. 프랑스가 1998년 월드컵을 개최했다. 4. 나는 식당에서 그들을 보았다. 5. 아폴로 11호는 1969년에 달에 착륙했다. 6. 내가 거기 도착했을 때 그는 나를 기다리고 있었다. 7. 내가 그들을 방문했을 때 그들은 회의를 하고 있었다. 8. 셰익스피어는 많은 희곡을 썼다. 9. "오늘 톰을 봤니?" "응, 도서관에서 봤어. 리포트를 쓰고 있던데." 10. 나는 오늘 6시에 일어났다.

1 두 시점을 연결하는 완료 시제 이해하기

MP3 강의 CD 05

I have just done it. 나는 막 그 일을 마쳤다.

I have been to Hawaii. 나는 하와이에 가본 적이 있다.

He had already left when I went there.
내가 거기 갔을 때 그는 이미 떠나버렸다.

He had lived in Seoul before he moved to L.A. last year. 그는 지난해 LA로 이사가기 전에 서울에서 살았다.

이보영의 ★ Point

1 완료 시제는 두 가지 시점을 연결한다.
I have finished my homework.

2 완료 시제에는 have가 필요하다.
My English has improved a lot.

3 완료 시제는 완료, 경험, 결과, 계속을 뜻한다.
The train has just left. (완료)

1 시제 중에서 가장 어렵게 느껴지는 것이 바로 이 '완료'라는 시제죠. 우리말엔 없는 시제기 때문입니다. 단순하게 어느 한 시점의 상황만을 나타내는 것이 아니라 그 시점의 이전 또는 이후와 연관된 상황을 함께 보여 주는 시제입니다.

2 완료 시제는 기본적으로, 문장의 중심이 되는 동사를 '과거분사'라는 형태로 고치고, 그 앞에 have 동사를 끼워 넣어서 표시합니다. 완료 중에 많이 쓰이는 것이 현재완료와 과거완료인데, 각각 'have+과거분사'(have done, have been 등), 'had+과거분사'(had left, had lived 등) 형태로 씁니다.

3 현재완료는 어떤 동작이 과거 어느 시점부터 현재까지 이어지고 있거나 지금까지 영향을 미치고 있을 때 씁니다. 과거완료는 과거 어느 시점까지의 일을 나타낼 때 쓰는데, 그렇다면 그 과거 시점 이전과 연관된 상황이 함께 나오겠지요. 완료 시제는 주로 동작의 완료, 현재 또는 과거 시점까지의 경험, 동작의 결과, 동작이나 상태의 계속을 의미합니다.

1 완료 시제는 두 가지 시점을 연결한다.

현재완료는 현재와 과거 시점을 연결한다.

I have finished my homework. 나는 숙제를 다 끝냈다.

- 과거에 시작된 동작이 현재에 완료되었음을 나타낸다.

과거완료는 과거 이전과 과거 시점을 연결한다.

I had finished my homework before my parents came home. 나는 부모님이 집에 오시기 전에 숙제를 다 마쳤다.

- 부모님이 오시는 시점(과거)보다 앞서 동작이 완료되었음을 나타낸다.

2 완료 시제에는 have가 필요하다.

현재완료의 모양은 'have(has) + 과거분사' 다.

I've just had breakfast. 나는 방금 아침을 먹었다.

- 조금 전에 막 동작을 끝냈다는 뜻이다.

She has gone out. 그녀는 밖에 나갔다.

- 그러므로 지금 여기 없다는 뜻이다.
  gone은 go의 과거분사 (go - went - gone)

과거완료의 모양은 'had + 과거분사' 다.

When I arrived at the airport, the plane had already left. 내가 공항에 도착했을 때, 비행기는 이미 떠나버렸다.

- had left는 공항에 도착한 시점(과거)보다 앞서 완료된 동작을 나타낸다.

3 완료 시제는 완료, 경험, 결과, 계속을 뜻한다.

완료 시제는 동작의 완료를 뜻한다.

The train has just left. 기차가 막 떠났다.

- 기차가 떠나는 동작이 지금 막 '완료' 되었음을 나타낸다.

The train had just left when I arrived at the platform. 내가 플랫폼에 도착했을 때 기차가 막 떠났다.

- 내가 도착한 시점(과거)에 앞서 기차가 떠나는 동작이 막 '완료' 되었음을 나타낸다.

완료 시제는 현재 또는 과거 시점까지의 경험을 뜻한다.

I have seen a UFO before. 나는 전에 UFO를 본 적이 있다.

- 과거부터 현재까지 그러한 경험이 있음을 나타낸다.

I had seen a UFO before I heard his lecture.
나는 그의 강의를 듣기 전에 UFO를 본 적이 있었다.

- 강의를 들었던 시간(과거) 이전까지의 경험을 나타낸다.

완료 시제는 동작의 결과를 보여 준다.

She has gone to New York. 그녀는 뉴욕에 갔다.

- 그래서 지금 그녀가 여기에 없음을 말해 준다.

She had gone to New York when I went to her house. 내가 그녀의 집에 갔을 때 그녀는 뉴욕으로 가고 없었다.

- 내가 갔던 시점(과거)에 그녀는 이미 뉴욕에 가고 없었음을 나타낸다.

완료 시제는 동작, 상태가 계속됨을 나타낸다.

We have been married for 10 years.
우리는 결혼한 지 10년 됐다.

- 우리는 10년 전에 결혼했고, 지금도 그 상태가 계속되고 있다는 뜻이다.

I have known him for 10 years.
나는 10년째 그와 알고 지낸다.

- 10년 전에 그를 알게 되어 지금까지 알고 지낸다는 뜻이다.

한 발짝 더 ☐

과거분사의 모양 총정리

과거형이 규칙적인 동사: -(e)d를 붙여 과거/과거분사를 만든다.

work - worked - worked / like - liked - liked

과거형이 불규칙적인 동사: 다음 4가지 형태가 있다.

- A-A-A형: cut - cut - cut / let - let - let / set - set - set
- A-B-A형: come - came - come / run - ran - run
- A-B-B형: have - had - had / make - made - made
- A-B-C형: see - saw - seen / do - did - done

GROUP

05

2 완료 시제, 다른 시제와 비교해 끝장내기

 MP3 강의 ▶▶▶

I lost my watch. 나는 시계를 잃어버렸다.
I have lost my watch. 나는 시계를 잃어버렸다. (잃어버려서 지금은 없다.)

It is raining now. 지금 비가 오고 있다.
It has been raining for one week. 일주일째 비가 오고 있다.

He was talking on the telephone then.
그때 그는 통화 중이었다.
He had been talking on the telephone for one hour.
그는 한 시간째 통화 중이었다.

이보영의 ★ Point

1 현재완료는 과거 시제보다 더 많은 사실을 알려준다.
I have found his wallet.

2 계속되는 동작을 강조하는 '현재완료 진행' 시제도 있다.
He has been watching TV for 3 hours.

3 과거완료 진행 시제(had + been + -ing)도 쓰인다.
She had been making a pie before we came in.

1 현재완료나 과거 시제 모두 우리말로는 주로 '~했다'라고 해석합니다. 두 시제의 차이라면 현재완료에서 더 많은 사실을 알 수 있다는 것입니다. 과거 시제는 과거의 일만을, 현재 시제는 현재의 일만을 알려 주지만 현재완료는 과거부터 지금까지의 상황을 나타내기 때문이죠.

2 계속되고 있는 동작을 강조하는 '완료진행' 시제도 있습니다. 먼저, 현재완료 진행 시제는 'have(has) + been + -ing' 형태로, 과거부터 지금까지 계속되고 있는 동작을 나타냅니다.

3 과거완료 진행은 'had + been + -ing' 형태로 이 또한 계속되는 동작을 강조하는 시제라고 할 수 있는데, 계속되는 기간이 과거의 어느 시점까지가 되는 것이죠.

1 현재완료는 과거 시제보다 더 많은 사실을 알려 준다.

He lost his wallet in the library.
그는 도서관에서 지갑을 잃어버렸다.

- 현재의 상황은 알 수 없다.

I have found his wallet. 내가 그의 지갑을 찾았다.

- 그래서 지금 가지고 있다는 뜻까지 나타낸다.

He is my client. 그는 나의 고객이다.

He was my client. 그는 나의 고객이었다.

He has been my client for ten years.
그는 10년째 나의 고객이다.

- 과거(10년 전)는 물론 지금까지도 나의 고객이라는 뜻이다.

2 계속되는 동작을 강조하는 '현재완료 진행' 시제도 있다.

He is watching TV now. 그는 지금 TV를 보고 있다.

- 현재진행 중인 상황만을 알 수 있다.

He has been watching TV for 3 hours.
그는 세 시간째 TV를 보고 있다.

- 과거(세 시간 전)부터 지금까지 계속되는 동작을 나타낸다.

She is reading *Hamlet*. 그녀는 햄릿을 읽고 있다.

- 현재진행 중인 동작

She has read *Hamlet* before. 그녀는 전에 햄릿을 읽은 적이 있다.

- 과거부터 지금까지의 경험이다.

She has been reading *Hamlet* since last week.
그녀는 지난주부터 햄릿을 읽고 있다.

- 과거(지난주)에 시작해서 아직까지 끝나지 않은 일을 나타낸다. 지금도 읽고 있음을 강조한다.

3 과거완료 진행 시제(had + been + -ing)도 쓰인다.

We were playing football this morning.
우리는 오늘 아침에 축구를 하고 있었다.

- 과거(this morning) 시점에 진행 중이던 동작을 나타낸다.

We had been playing football for one hour when my mother called us.
엄마가 우릴 부르셨을 때 우리는 한 시간째 축구를 하고 있었다.

- called(과거) 시점 이전부터 계속돼 오던 동작을 나타낸다.

She was making a pie when we came in.
우리가 들어왔을 때 그녀는 파이를 만들고 있었다.

- came(과거) 시점에 진행 중이던 동작을 나타낸다.

She had been making a pie before we came in.
우리가 들어오기 전에 그녀는 파이를 만들고 있었다.

- came(과거) 시점 이전부터 진행돼 오던 동작을 나타낸다.

She had just made a pie when we came in.
우리가 들어왔을 때 그녀는 파이를 다 만들었다.

- came(과거) 시점에 완료된 동작을 나타낸다.

한 발짝 더 ☐

완료 시제와 함께 쓰일 수 없는 말들

현재완료는 '과거 어느 때부터 지금까지' 이어지는 시제이므로 '명백히 과거를 나타내는 말'과는 함께 쓸 수 없다. 과거완료 시제도 마찬가지다.

I had lunch one hour ago. (○) 나는 한 시간 전에 점심을 먹었다.
I have had lunch one hour ago. (×)

I had had lunch one hour before you came in. (○)
나는 네가 들어오기 한 시간 전에 점심을 먹었다.

- ago: 특정한 과거의 시점(예: 1시간 전)을 나타낸다.
- before: 현재 또는 과거 어느 시점에서 '이전에'라는 뜻으로, 완료형과 함께 쓸 수 있다.

I am having lunch right now. 나는 지금 점심을 먹고 있다.
I had lunch just now. 나는 방금 점심을 먹었다.

- just now는 '바로 지금', '조금 전에'라는 뜻으로 주로 현재진행이나 과거에 쓴다.

I have just had lunch. 나는 지금 막 점심을 먹었다.

- just는 '이제 막'이라는 뜻으로 완료형과 함께 쓸 수 있다.

When did you have lunch? (○) 언제 점심 먹었어요?
When have you had lunch? (×)

- when은 '언제'라는 특정 시점을 묻는 것이므로 완료형과 함께 쓸 수 없다.

73

1 보기의 동사 가운데 하나를 골라 현재완료 또는 과거완료 문장을 만들어 보세요. (의미상 가장 적당한 동사를 선택하고, 괄호 안에 있는 단어를 함께 넣어 문장을 완성하세요.)

> go, meet, be, know, have, live, begin, steal, see, leave

1. Look at your car! Someone _has stolen_ the stereo.
2. When I arrived at the office, the meeting _____. (already)
3. I _____ some of Steven Spielberg's films.
4. "Can I speak to Jane, please?"
   "I'm sorry. She _____ the office." (just)
5. "Did you see him at the party?"
   "No. When I arrived there, he _____ home."
6. "Are you hungry?" "No, I _____ lunch." (just)
7. I _____ him before, but I don't remember when it was.
8. She _____ in Hong Kong before she moved to Seoul.
9. "Do you know him well?"
   "Yes, I _____ him since I was a child."
10. "I am from New York."
    "Oh, really? I _____ to New York before."

2 괄호 안의 시제 중에서 문장에 어울리는 시제를 골라 밑줄을 그으세요.

1. I (_lost_ / have lost) my wallet yesterday.
2. He (is / has been) sick in bed for two weeks.
3. They (moved / have moved) to L.A. last month.
4. I (met / have met) Jack while I was going to school this morning.
5. You're late. The bus (left just / has just left).
6. I (heard / have heard) about that story before.
7. She (went / had gone) out before he arrived.
8. It (rained / has rained) a lot last summer.
9. We (know / have known) each other for 20 years.
10. She (visited / has visited) London several times before.
11. I (finished / have finished) my work two hours ago.

12. I (read / have read) five books since last Monday.

13. I (saw / had seen) him before then.

14. He (quit / has quit) his job yesterday.

15. She (worked / had worked) at a bank before she became an actor.

3 괄호 안의 시제 중에서 문장에 어울리는 시제를 골라 밑줄을 그으세요.

1. He (is / has been) sleeping for 12 hours.

2. I (am / have been) reading *Romeo and Juliet* now.

3. He (was / had been) surfing the Internet for 2 hours when I visited him.

4. It (is / has been) raining since last week.

5. They (were / had been) discussing the matter for 3 hours when we came in.

6. They (are / have been) waiting for you for a long time.

7. She (was / had been) looking for a new job last month.

8. I (am / have been) preparing for the dinner since 4 o'clock.

9. He (is / has been) doing his homework now.

10. They (are / have been) fighting in the street for one hour.

정답 및 해설

1 1. has stolen 2. had already begun 3. have seen 4. has just left 5. had gone
6. have just had 7. have met 8. had lived 9. have known 10. have been

1. 네 차 좀 봬 누가 카 스테레오를 훔쳐 갔어. 2. 내가 사무실에 도착했을 때 회의는 이미 시작돼 있었다. 3. 나는 스티븐 스필버그 영화를 몇 편 본 적이 있다. 4. "채인 좀 바꿔 주시겠어요?" "죄송합니다. 방금 퇴근하셨어요." 5. "파티에서 그를 만났니?" "아니, 내가 거기 도착하니까 그는 집에 가고 없었어." 6. "배 고프니?" "아니, 방금 점심 먹었어." 7. 난 전에 그를 만난 적이 있다. 그런데 그게 언제인지 기억이 나질 않는다. 8. 그녀는 서울로 이사오기 전에 홍콩에서 살았다. 9. "그 사람 잘 아세요?" "네, 어렸을 때부터 그를 알아요." 10. "저는 뉴욕에서 왔어요." "그러세요? 저도 예전에 뉴욕에 가본 적이 있어요."

2 1. lost 2. has been 3. moved 4. met 5. has just left 6. have heard 7. had gone
8. rained 9. have known 10. has visited 11. finished 12. have read 13. had seen
14. quit 15. had worked

1. 나는 어제 지갑을 잃어버렸다. 2. 그는 2주째 잃아누워 있다. 3. 그들은 지난달에 L.A로 이사갔다. 4. 나는 오늘 아침에 학교 가던 길에 책을 만났다. 5. 늦으셨군요. 버스는 금방 떠났어요. 6. 나는 전에 그 이야기에 대해서 들어본 적이 있다. 7. 그가 도착하기 전에 그녀는 나가고 없었다. 8. 지난 여름에는 비가 많이 왔다. 9. 우리는 20년 동안 서로 알고 지내고 있다. 10. 그녀는 전에 런던을 여러 번 방문한 적이 있다. 11. 나는 두 시간 전에 일을 마쳤다. 12. 나는 지난 월요일 이후에 다섯 권의 책을 읽었다. 13. 나는 그때 이전에 그를 본 적이 있다. 14. 그는 어제 직장을 그만뒀다. 15. 그녀는 배우가 되기 전에 은행에서 일했다.

3 1. has been 2. am 3. had been 4. has been 5. had been 6. have been 7. was
8. have been 9. is 10. have been

1. 그는 12시간째 잠을 자고 있다. 2. 나는 지금 〈로미오와 줄리엣〉을 읽고 있다. 3. 내가 그를 찾아갔을 때 그는 2시간 동안 인터넷을 검색하고 있었다. 4. 지난주부터 비가 오고 있다. 5. 우리가 들어갔을 때 그들은 3시간 동안 그 문제를 논의하고 있었다. 6. 그들은 오랫동안 당신을 기다리고 있었어요. 7. 그녀는 지난달 새로운 직장을 찾고 있었다. 8. 나는 4시부터 저녁을 준비하고 있다. 9. 그는 지금 숙제를 하고 있다. 10. 그들은 한 시간째 길에서 싸우고 있다.

1 미래 시제엔 조동사 will과 shall을

MP3 강의 CD 06

I am 20. 나는 스무 살이다.
I will be 21 next year. 나는 내년에 21살이 된다.

We will (shall) have dinner with them.
우리는 그들과 저녁을 먹을 것이다.
I will (shall) go there by bus. 나는 버스로 거기에 갈 것이다.
She will be a little late for dinner.
그녀는 저녁 식사에 좀 늦을 것이다.

I will go shopping tomorrow. 나는 내일 쇼핑하러 갈 것이다.
I will buy a shirt for my brother.
나는 동생을 위해서 셔츠를 살 것이다.
My brother will like the shirt.
내 동생은 그 셔츠를 마음에 들어 할 것이다.

이보영의 ★ Point

1 미래 시제는 미래의 상황을 나타낸다.
   Mary will easily pass the exam.
2 미래 시제에는 조동사 will이나 shall이 필요하다.
   I will (shall) come home early today.
3 앞으로의 일에 대한 결정이나 예측을 표현한다.
   I will lend you my bicycle.(결정)

1 미래 시제는 말 그대로 미래의 일을 나타낼 때 쓰는 시제입니다. 지난 일은 과거, 지금 일어나는 일은 현재, 앞으로 일어날 일은 미래 시제로 표현하죠.

2 미래 시제는 본동사를 도와주는 동사 즉, will이나 shall 같은 '조동사' 와 본동사를 가지고 나타냅니다. 그래서 미래 시제의 모양은 'will / shall + 본동사의 원형'이 됩니다. will과 shall은 비슷하게 쓰이나 정확한 차이는 〈Lecture 4 조동사〉 편에서 집중적으로 익히죠.

3 미래 시제는 말하는 시점에서 앞으로의 일에 대한 결정을 표현할 때, 또는 앞으로 일어날 일이나 상황에 대한 예측을 할 때 씁니다.

1 미래 시제는 미래의 상황을 나타낸다.

과거, 현재, 미래 시제를 비교해 보자.

Mary studied very hard for the exam.
메리는 시험을 위해 아주 열심히 공부했다. (과거)

Mary is smart. 메리는 똑똑하다. (현재)

Mary will easily pass the exam.
메리는 시험에 쉽게 붙을 것이다. (미래)

I met Mary in a coffee shop.
나는 커피숍에서 메리를 만났다. (과거)

She is ordering a cup of tea.
그녀는 차를 주문하고 있다. (현재 진행)

I will have a cup of coffee, please.
저는 커피를 마시겠습니다. (커피로 주세요.) (미래)

2 미래 시제에는 조동사 will, shall이 필요하다.

미래 시제의 기본 모양은 'will 또는 shall + 동사원형'이다.

I will (shall) come home early today.
나는 오늘 일찍 집에 올 것이다.

We will (shall) probably go to New York next year. 우리는 내년에 아마 뉴욕에 갈 것이다.

> • shall은 주로 I 또는 We, 즉 1인칭과 함께 쓴다.

She'll like this movie.
그녀는 이 영화를 좋아할 것이다.

> • 'll은 will의 단축형이다.

3 앞으로의 일에 대한 결정이나 예측을 표현한다.

앞으로의 일에 대한 결정을 표현할 때 미래 시제를 쓴다. 이때 조동사는 주로 will을 쓴다.

I will lend you my bicycle. 내 자전거를 빌려 주겠다.

I will invite them to my party. 나는 파티에 그들을 초대하겠다.

I will give you a ride to the airport.
제가 공항까지 태워드리죠.

앞으로의 상황에 대한 예측을 표현할 때 미래 시제를 쓴다.

He will go to Hawaii for his holiday.
그는 휴가를 보내러 하와이에 갈 것이다.

She will be back around 9 o'clock.
그녀는 9시쯤 돌아올 것이다.

It will rain tomorrow.
내일은 비가 올 것이다.

- 주어(He / She / It)가 결정을 했다는 것이 아니라 말하는 사람이 알고 있는 것 또는 예상하는 것을 표현한 것임.

한 발짝 더 ☐

will과 be going to는 어떻게 다를까?

미래의 일을 나타낼 때 '~하려 하다'라는 뜻을 가진 be going to를 쓰기도 하므로 조동사 will과의 차이를 알아 두면 좋다. will은 앞으로의 행동에 대해 말하는 순간에 결정할 때, be going to는 이미 결정한 일을 표현할 때 쓴다. 다음 대화문을 통해 차이를 느껴 보자.

A: Which one do you prefer?
어떤 게 마음에 드니?

B: I'll buy the blue one.
난 파란 걸로 사겠어.

- '난 파란 걸로 사겠어.'라고 말을 하는 순간에 결정했다.

A: Are you going shopping?
쇼핑하러 가니?

B: Yes, I'm going to buy a blue shirt.
응, 파란 셔츠 하나 사려고.

- '파란 셔츠 하나를 사려고' 이미 결정한 다음에 하는 말이다.

또 한 가지! 지금 상황으로 미루어 보아 앞으로의 일을 예측할 때는 be going to를 쓰는 것이 좋다.

What a lovely day! This picnic is going to be great.
날씨 참 좋다! 이번 소풍은 정말 멋질 거야.

I feel chilly. I'm going to catch a cold.
으슬으슬하군. 감기에 걸릴 거 같아.

GROUP 06

2 미래 시제에서 꼭 알아 둬야 할 세 가지

MP3 강의 ▶ ▶ ▶

The next show begins at 5:00 p.m.
다음 쇼는 오후 5시에 시작한다.

I am going home during winter vacation.
나는 겨울 방학 때 집에 간다.

I will go home during winter vacation.
나는 겨울 방학 때 집에 갈 것이다.

Will you turn off the radio? 라디오 좀 꺼주시겠어요?

Shall I turn off the radio? 제가 라디오를 끌까요?

We will be having a party tonight.
우리는 오늘밤에 파티를 하고 있을 것이다.

The party will have finished by midnight.
자정쯤이면 파티는 끝났을 것이다.

이보영의 ★ Point

1 현재 시제가 미래를 나타내기도 한다.
  The game begins at 2:00 p.m..

2 will과 shall은 특별한 용도로도 쓰인다.
  I will return your car next Monday. / Shall I go now?

3 미래 시제에도 진행과 완료가 있다.
  I will be doing my homework tonight.
  I will have done my homework by tomorrow morning.

---

1 미래를 나타낼 때 현재를 나타내는 두 시제, 즉 단순한 현재와 현재진행 시제가 미래의 상황을 표현하는 경우도 있습니다.

2 조동사 will과 shall은 미래 시제를 나타내는 역할 외에도 몇 가지 특별한 쓰임이 있는데 will은 뭔가를 약속하거나 요청할 때 쓰고 상대방의 의견을 구할 때는 반드시 shall I(we)~로 시작한다는 것입니다.

3 현재나 과거 시제처럼 미래를 나타낼 때도 미래의 어느 시점을 기준으로 뭔가가 진행되고 있을 것이다(미래진행), 또는 뭔가가 완료되었을 것이다(미래완료)라고 표현할 수 있습니다.

1 현재 시제가 미래를 나타내기도 한다.

단순한 현재가 미래 시제로 쓰이는 경우는 시간표, 프로그램처럼 이미 짜여져 있는 시간에 일어나는 일 또는 상황을 표현할 때다.

The game begins at 2:00 p.m. 경기는 오후 2시에 시작한다.

The plane arrives at 5:00 p.m. 비행기는 오후 5시에 도착한다.

Tomorrow is Saturday. 내일은 토요일이다.

I leave for New York on Wednesday.
= I am leaving for New York on Wednesday.
나는 수요일에 뉴욕으로 떠난다.

- 이미 확고하게 결정된 일은 단순한 현재로 표현할 수도 있으나 개인적인 일은 주로 현재진행으로 표현한다.

현재진행이 미래 시제로 쓰이는 경우는 이미 예정되어 있는 일 또는 결정된 일을 표현할 때다.

I am meeting my boyfriend here at 6:30.
나는 6시 30분에 여기서 남자친구를 만날 것이다.

- 이미 결정된 일이다.

I will meet my boyfriend today.
나는 오늘 남자친구를 만날 것이다.

- 이 말을 할 때 미래 일을 결정하는 것이다.

He will probably work this Sunday.
그는 아마 이번 일요일에 일을 할 것이다.

- 말을 하는 사람의 예측이다.

2 will과 shall은 특별한 용도로도 쓰인다.

will은 뭔가를 약속하거나 요청할 때 쓴다.

I will return your car next Monday.
다음주 월요일에 네 차를 돌려줄게.

I will buy you lunch today. 오늘 내가 점심 살게.

I won't tell anyone about that. 아무한테도 그것에 대해 말 안 할게.

- won't는 will not의 줄임말이다.

Will you open the window, please?
창문 좀 열어 주시겠어요?

shall은 누군가의 의견을 물을 때 쓴다.

Shall I go now? 제가 지금 갈까요?

Shall I call you tomorrow? 제가 내일 전화드릴까요?

Will you call me tomorrow? 내일 전화 주시겠어요?

- 위의 Shall I call you tomorrow? 문장과 뜻이 조금 다르다. will로 시작하면 '부탁, 요청'의 의미다.

3 미래 시제에도 진행과 완료가 있다.
미래진행의 모양은 'will + be -ing'이다.

I will go home early today. 나는 오늘 일찍 집에 갈 것이다.

I will be doing my homework tonight.
나는 오늘밤에 숙제를 하고 있을 것이다.

미래완료의 모양은 'will + have + 과거분사'다.

I will have done my homework by tomorrow morning. 나는 내일 아침이면 숙제를 다 마쳤을 것이다.

한 발짝 더 ☐

When 절에는 미래 시제를 쓰지 않는다?!
when 등 시간을 나타내는 접속사(after, before 등)가 올 경우 미래 시제를 쓰면 안 된다. 의미는 미래여도 현재 시제를 써야 한다.

I'll hand this report to him when he comes back.
그가 돌아오면 이 보고서를 전해드릴게요.

- '그가 돌아오면'이란 뜻을 생각하면 미래 시제를 써야 할 것 같지만 when 절에 will come을 쓰면 틀린다.

I will watch TV after I finish my homework.
숙제를 마치고 나서 TV를 보겠다.

- 시간을 나타내는 다른 종류의 말이 쓰일 때에도 when 절과 마찬가지다.

I won't eat anything before I finish this work.
나는 이 일을 끝내기 전에는 아무것도 먹지 않겠다.

1 보기의 동사 가운데 하나를 골라 미래 시제로 문장을 완성하세요. (의미상 가장 적당한 동사를 선택하여 will / be going to 동사 / 현재 / 현재진행 가운데 한 형태로 만드세요.)

> have, be, meet, begin, give, return, pass, come, spend, catch

1. I _will give_ you these tickets if you want.
2. "What time does the movie begin?" "It _____ at 5:00 p.m."
3. "May I take your order?" "I _____ a cup of coffee."
4. It's too cold today. You _____ a cold if you go out without a coat.
5. Lend me your car. I _____ it to you tomorrow.
6. "Do you have any plans for the summer holidays?" "Yes, I _____ one week in Hawaii."
7. She finishes her work at 6, so she _____ (probably) home around 7 o'clock.
8. "Are you free tonight?" "No, I have an appointment. I _____ my boyfriend."
9. You studied very hard. I'm sure you _____ the test.
10. The clouds are clearing away. It _____ a great day.

2 괄호 안의 시제 중에서 문장에 어울리는 시제를 골라 밑줄을 그으세요.

1. Look at the timetable. The next train (will leave / _leaves_) at 3:00 p.m.
2. Don't worry. She (will join / joins) us next week.
3. Tomorrow (will be / is) Sunday.
4. He (works / is working) this Sunday.
5. I will (be meeting / have met) my friends tonight.
6. I (will leave / am leaving) for London on Monday.
7. (Shall / Will) I open the window?
8. I will (finish / have finished) my work by 6 o'clock.
9. He (will probably go / is probably going) to L.A. next month.
10. I will (buy / be buying) you lunch today.

11. (Shall / Will) you open the window, please?

12. Look at those clouds. It (is going to / will) rain.

3 괄호 안에 있는 동사를 문장에 어울리는 시제로 바꾸세요.

1. I (arrive → <u>arrived</u>) in Barcelona last week.

2. I (visit → _____) New York before I arrived in Barcelona.

3. I saw the Statue of Liberty while I (visit → _____) New York.

4. I (go → _____) to an opera in Rome yesterday.

5. I (leave → _____) for London tonight.

6. I (be → _____) to London twice before.

7. I (stay → _____) in Paris now.

8. I (fly → _____) to Amsterdam for a meeting tomorrow.

9. I (finish → _____) my trip by next Saturday.

10. I (sit → _____) on a plane to Seoul next Sunday.

정답 및 해설

1 1. will give 2. begins 3. will have 4. are going to catch / will catch 5. will return 6. am going to spend 7. will probably come(return) 8. am meeting / am going to meet 9. will pass 10. is going to be

1. 네가 원하면 이 표들을 너한테 줄게 2. "영화는 몇 시에 시작하지?" "오후 5시에 시작해" 3. "주문하시겠어요?" "커피 한 잔 주세요." 4. 오늘은 너무 추워. 코트 안 입고 나가면 감기에 걸릴 거야. 5. 네 차 좀 빌려 줘. 내일 돌려 줄게. 6. "여름 휴가 계획은 있니?" "응, 하와이에서 일주일을 보낼 계획이야." 7. 그녀는 6시에 일이 끝나니까 아마 7시쯤이면 집에 올 거야. 8. "오늘 밤에 시간 있니?" "아니, 약속이 있어. 남자친구를 만나기로 했거든." 9. 넌 아주 열심히 공부했어. 꼭 시험에 붙을 거야. 10. 구름이 걷히고 있어. 멋진 날이 될 거야.

2 1. leaves 2. will join 3. is 4. is working 5. be meeting 6. am leaving 7. Shall 8. have finished 9. will probably go 10. buy 11. Will 12. is going to

1. 저기 시간표를 봐. 다음 기차는 오후 3시에 떠나. 2. 걱정 마. 그녀는 다음 주에 우리와 합류할 거야. 3. 내일은 일요일이다. 4. 그는 이번 일요일에 일을 한다. 5. 나는 오늘 밤에 친구들을 만나고 있을 것이다. 6. 나는 월요일에 런던으로 떠난다. 7. 제가 창문을 열까요? / 제가 창문을 열어도 될까요? 8. 난 6시쯤이면 일을 다 마치게 될 것이다. 9. 그는 다음 달에 아마 L.A에 갈 것이다. 10. 내가 오늘 점심 사줄게 11. 문 좀 열어 주시겠어요? 12. 저 구름 좀 봐. 비가 올 거야.

3 1. arrived 2. had visited 3. was visiting 4. went 5. am leaving / will leave / am going to leave 6. have been 7. am staying 8. will fly / will be flying / am flying / am going to fly 9. will have finished 10. will be sitting

1. 나는 지난주에 바르셀로나에 도착했다. 2. 나는 바르셀로나에 도착하기 전에 뉴욕을 방문했다. 3. 나는 뉴욕을 방문하는 동안 자유의 여신상을 보았다. 4. 나는 어제 로마에서 오페라를 보러 갔다. 5. 나는 오늘 밤에 런던으로 떠난다. 6. 나는 전에 런던에 두 번 가본 적이 있다. 7. 나는 지금 파리에 머물고 있다. 8. 나는 내일 회의차 비행기편으로 암스테르담에 갈 것이다. 9. 나는 다음 주 토요일이면 여행을 끝내게 될 것이다. 10. 나는 다음 주 일요일이면 서울로 가는 비행기에 앉아 있을 것이다.

1 have been to + 장소

'장소'에 가본 적이 있다(경험) 또는 '장소'에 갔다 왔다(완료)

I have been to the Empire State Building.

나는 엠파이어 스테이트 빌딩에 가본 적이 있다.

완료 시제가 쓰인 패턴 'have been to 장소'에는 두 가지 의미가 있다. 하나는 '장소에 가본 적이 있다'고 다른 하나는 '장소에 갔다 왔다'란 의미다.

A: Have you ever been to any country in Europe?
B: Yes, I have been to France.

A: 당신은 유럽의 어느 나라에 가본 적이 있나요?
B: 네, 프랑스에 가본 적이 있어요.

I've just been to the market.

나는 막 시장에 갔다 오는 길이다. (갔다 왔다)

I've been there.

나는 거기 가본 적이 있다. / 나는 거기 갔다 왔다.

2 have gone to + 장소

'장소'에 가버렸다, '장소'로 떠났다

She's gone to New York to find a new job.

그녀는 새 일자리를 찾으러 뉴욕으로 떠났다.

완료 시제가 쓰인 이 패턴은 '~로 떠나버렸다'라는 완료의 의미와 그래서 '이곳에 없다'라는 결과의 의미를 동시에 나타내 준다.

A: Where is he?
B: He's not here. He has gone to London.

A: 그는 어디 있죠?
B: 그는 여기 없어요. 런던으로 떠났어요.

Young people have gone to cities.

젊은이들은 도시로 떠나버렸다.

My brother has gone to L.A. to study the film industry.

우리 오빠는 영화산업을 공부하러 LA로 떠났다.

3 How long have(has) 주어 + been + -ing?
얼마 동안 '-ing' 해오고 있나요?

How long have you been waiting here?
여기서 얼마나 기다리셨나요?

현재완료이면서 진행 시제를 나타내는 패턴으로 '지금까지 얼마 동안 ~해
오고 있는가'를 묻는 질문이다.

A: How long has your father been working at that company?
B: He has been working there for 20 years.
A: 당신 아버지께선 그 회사에서 얼마 동안이나 일하고 계신 거죠?
B: 아버지는 20년 동안 그곳에서 일하고 계시답니다.

A: How long have you been waiting here?
B: I've been waiting here since 2 o'clock.
A: 여기서 얼마나 기다리셨나요?
B: 2시부터 여기서 기다리고 있었어요.

A: How long have you known him?
B: I've known him since he was a child.
A: 얼마 동안 그를 알고 있나요? (그와 알고 지낸 지 얼마나 됐나요?)
B: 저는 그가 어렸을 때부터 알고 있어요.

• know처럼 상태를 나타내는 동사는 현재완료 진행이 아닌 현재완료만으로
'얼마 동안 ~하고 있는가'를 나타낸다.

4 How long is it since ~?
~한 지 얼마나 됐나요? (~한 이후 시간이 얼마나 흘렀나요?)

How long is it since you moved here?
여기 이사온 지 얼마나 되셨어요?

여기서 it은 시간을 나타내며, since 다음에 이어지는 절에는 과거 시제를 써
준다.

A: How long is it since you graduated from high school?
B: It's ten years (since I graduated from high school).
A: 고등학교 졸업한 지 얼마나 되셨죠?
B: (저는 고등학교 졸업한 지) 10년 됐어요.

• A는 When did you graduate from high school?(언제 고등학교를
졸업하셨죠?)와 B는 I graduated from high school ten years
ago.(저는 10년 전에 고등학교를 졸업했어요.)와 같은 뜻이다.

A: How long is it since you moved here?
B: It's two months (since I moved here).
A: 여기 이사온 지 얼마나 되셨어요?
B: (여기 이사온 지) 두 달 됐어요.

A: How long is it since we saw a movie together?
B: It's a month (since we saw a movie together).
A: 우리 같이 영화 본 지 얼마나 됐지?
B: (우리 같이 영화 본 지) 한 달 됐어.

5 have got + 명사

'명사'를 가지고 있다

He's(=has) got a bike.

그는 자전거를 가지고 있다.

have got은 have와 같은 뜻이다. have가 '가지고 있다' 즉, 소유 상태를
의미할 때는 have got의 형태로 많이 쓴다.

I've got a headache.

= I have a headache.
두통이 있는 것 같아요. (머리가 아프군요.)

I've got something to eat. Do you want some?

저한테 먹을 게 좀 있어요. 드릴까요?

She's got a bad cold.

그녀는 독감에 걸렸다.

He had two cars when he was an actor.

그는 배우 시절에 두 대의 차를 가지고 있었다.

• He had got two cars when he was an actor.라고 쓰면 틀린 표현
이 된다. 즉 과거 시제에는 got을 함께 쓰지 않는다.

I usually have lunch at 12:30.

나는 보통 12시 반에 점심을 먹는다.

• I usually have got lunch at 12:30.란 표현은 틀린 표현이 된다. have
가 소유 이외의 다른 뜻을 나타낼 때는 got과 함께 쓰지 않는다.

6 be going to + 동사
'동사' 할 생각이다

I'm going to buy a new car.
나는 새 차를 살 생각이다.

> be going to는 미래 시제를 대신하는 패턴으로 '이미 결정한 일'을 나타내
> 거나, 현재의 상황으로 미루어 미래를 예측할 때 사용한다.

A: Have you finished your homework?
B: No. I'm going to do it tonight.
A: 숙제는 다 끝냈니?
B: 아뇨. 오늘 밤에 할 거예요.

A: Have you cleaned the car?
B: Not yet. I'm going to clean it tomorrow.
A: 세차는 했어요?
B: 아직이요. 내일 할 거예요.

It's already 9 o'clock. You're going to be late for school.
벌써 9시야. 너 학교에 지각하겠다.

Lecture 3

부정과 의문

"너 밥 먹었어?"라고 묻고 싶을 때나
"아니, 아직."처럼 아니라고 말하고 싶을 때에
어떻게 표현하는지 배워 보죠.
또 언제, 어디서, 무엇을, 어떻게, 왜 등이 궁금할 때
물어보는 방법과 명령문, 감탄문도 짚고 넘어갑시다.
말을 제대로 하려면 이번에 배우는 문장의 종류를
잘 알아 두어야 합니다.

GROUP 07

1 아닌 것 아니라고 말하기

MP3 강의 CD 07

I am your friend.
→ I am not your friend. 나는 너의 친구가 아니다.

He wants to be an artist.
→ He does not want to be an artist.
그는 예술가가 되고 싶어하지 않는다.

She learned English in America.
→ She did not learn English in America.
그녀는 미국에서 영어를 배우지 않았다.

We will go to see a movie tonight.
→ We will not go to see a movie tonight.
우리는 오늘 밤에 영화를 보러 가지 않을 것이다.

이보영의 ✷ Point

1 문장에는 긍정문과 부정문이 있다.
   He is smart. / He is not smart.
2 be 동사를 부정할 때는 be 동사 뒤에 not을 붙인다.
   I am not happy.
3 일반동사를 부정할 때는 조동사 do가 필요하다.
   I do not(don't) like animals.

1 영어의 문장은 내용상 네 가지로 구분할 수 있습니다. 평서문, 의문문, 명령문, 감탄문 이렇게 말이죠. 그리고 이들 문장은 긍정이냐 부정이냐에 따라 또 긍정문과 부정문으로 나뉩니다.

2 어떤 사실이나 상황을 나타내는 일반적인 '주어+동사' 어순의 평서문, 그 중에서 be 동사를 사용한 문장은 어떻게 부정할까요? 간단합니다. be 동사 뒤에 not을 붙이면 됩니다.

3 그럼 일반동사를 부정하려면 어떻게 할까요? 마찬가지로 동사 뒤에 not을 붙입니다. 중요한 건 do 조동사의 도움이 필요하다는 것입니다. 'do(does / did) not + 기본 동사의 원형' 이런 식으로 말이죠.

1 문장에는 긍정문과 부정문이 있다.

평서문의 부정과 긍정의 모양을 보자.

He is smart.
그는 똑똑하다.

He is not smart.
그는 똑똑하지 않다.

의문문의 부정과 긍정의 모양을 보자.

Is he your brother?
그가 당신 동생인가요?

Isn't he your brother?
그가 당신 동생 아닌가요?

명령문의 부정과 긍정의 모양을 보자.

Do it now.
지금 그 일을 하세요.

Don't do it now.
지금 그 일 하지 마세요.

2 be 동사를 부정할 때는 be 동사 뒤에 not을 붙인다.

쉬운 듯하지만 be 동사의 모양이 변하는데다, 대화체에서 자주 축약되어 혼동하기 쉽다. 예문을 통해 정확히 익혀 두자. (축약은 뒷 페이지 '한 발짝 더' 를 참조)

I am happy. → **I am not happy.**
나는 행복하지 않다.

I was there. → **I was not there.**
나는 거기에 없었다.

We were friends. → **We were not friends.**
우리는 친구가 아니었다.

You are kind. → **You are not kind.**
너는 친절하지 않다.

She is pretty. → **She is not pretty.**
그녀는 예쁘지 않다.

He is handsome. → **He is not handsome.**
그는 잘생기지 않았다.

They were at the party last night.
→ **They were not at the party last night.**
그들은 어젯밤에 파티에 있지 않았다.

3 일반동사를 부정할 때는 조동사 do가 필요하다.

'주어 + 일반동사'의 부정은 '주어 + do not + 동사원형'이 된다.

I like animals. → I do not(don't) like animals.
나는 동물을 좋아하지 않는다.

• do not은 축약하면 don't가 된다.

He loves me. → He does not(doesn't) love me.
그는 나를 사랑하지 않는다.

She went to the library.
→ **She did not(didn't) go to the library.**
그녀는 도서관에 가지 않았다.

한 발짝 더 ☐

not의 단축형

is not = isn't	are not = aren't
was not = wasn't	were not = weren't
do not = don't	does not = doesn't
did not = didn't	have not = haven't
has not = hasn't	had not = hadn't
can not = can't	could not = couldn't
will not = won't	would not = wouldn't
should not = shouldn't	must not = mustn't

GROUP 07

2 궁금한 것 물어보기

 MP3 강의 ▶ ▶ ▶

Michael Jordan is a basketball player.
→ Is Michael Jordan a basketball player?
마이클 조던은 농구선수인가요?

He likes basketball very much.
→ Does he like basketball very much?
그는 농구를 아주 좋아하나요?

She wanted to see the opera.
→ She didn't want to see the opera.
→ Didn't she want to see the opera?
그녀는 오페라를 보고 싶어하지 않았나요?

이보영의 ★ Point

1 be 동사가 들어간 의문문은 'be + 주어'로 시작된다.
   Is he a singer?
2 일반동사가 들어간 의문문은 do 조동사가 필요하다.
   Does he like sports?
3 부정의문문은 부정어가 들어간 의문문이다.
   Isn't this your book?

1   의문문이란 상대방에게 답을 구하는 문장으로 동사가 문장 맨 앞에 오죠. be 동사가 들어간 문장을 의문문으로 만들려면 주어와 be 동사 순서만 바꾸면 됩니다. (be 동사+주어+~)

2   일반동사가 들어간 문장을 부정할 때 do 조동사를 쓴다고 했지요? 의문문도 마찬가지랍니다. 단, 의문문이 되기 위해서는 do 조동사가 문장의 맨 앞에 와야 한다는 점 기억해 두세요.

3   부정의문문은 부정어가 들어간 의문문을 이르는 말입니다. 우리말에서도 "너 그 사람 만나지 않았니?", "너 나랑 같이 안 갈 거니?"라고 물어보는 경우가 있죠. 이런 의문문을 부정의문문이라고 합니다.

1   be 동사가 들어간 의문문은 'be + 주어' 로 시작된다.

'주어 + be 동사' 로 이루어진 문장을 의문문으로 만든다면, 주어와 be 동사의 순서만 바꾸면 된다.

He is a singer.
→ Is he a singer? 그는 가수인가요?

- Is he a singer?의 답은 Yes, he is (a singer). No, he isn't (a singer).이다. 괄호 안의 말은 생략할 수 있다.

She was pretty when she was young.
→ Was she pretty when she was young?

그녀는 젊었을 때 예뻤나요?

- 답은 Yes, she was (pretty when she was young). 또는 No, she wasn't (pretty when she was young).이다. 괄호 안의 말은 생략할 수 있다.

2   일반동사가 들어간 의문문은 do 조동사가 필요하다.

'주어 + 일반동사' 로 이루어진 문장을 의문문으로 만든다면, 조동사 do(과거는 did)를 문장 맨 앞에 붙이면 된다. 이때 핵심동사는 원형을 써주어야 한다.

She did it.
→ Did she do it? 그녀가 그 일을 했나요?

- 답은 Yes, she did (it). 또는 No, she didn't (do it).로 역시 do 동사를 이용한다. 괄호 안의 말은 생략할 수 있다.

He likes sports very much.
→ Does he like sports very much?

그는 스포츠를 아주 좋아하나요?

- 답은 Yes, he does.라고 간단하게 하거나 또는 Yes, he likes sports very much.라고 할 수 있다. does는 likes를 대신하는 동사지만 완전한 문장으로 답하고 싶으면 likes를 써야 한다. 부정의 답은 No, he doesn't (like sports very much).이다. 괄호 안의 말은 생략할 수 있다.

They went to the museum yesterday.
→ Did they go to the museum yesterday?

그들은 어제 박물관에 갔나요?

- 답을 하려면? Yes, they did. 또는 Yes, they went to the museum yesterday. (did는 went를 대신하는 동사로 완전한 문장으로 답하려면 went를 써야 한다.) 부정의 답은 No, they didn't (go to the museum yesterday). 괄호 안의 말은 생략할 수 있다.

---

3 부정의문문은 부정어가 들어간 의문문이다.

be 동사가 들어간 예문을 보자.

This is your book.
→ **Is this your book?** 이것은 당신의 책인가요?

This is not (=isn't) your book.
→ **Isn't this your book?** 이것은 당신의 책이 아닌가요?

이제 일반동사를 사용한 예문을 보자.

He likes sports.
→ **Does he like sports?** 그는 스포츠를 좋아하나요?

He doesn't like sports.
→ **Doesn't he like sports?** 그는 스포츠를 좋아하지 않나요?

한 발짝 더

부정의문문에 답하는 요령 익히기

우리말과 영어는 부정의문문에 답하는 방법이 다르다. 우리말은 상대방이 질문한 내용 자체에 긍정하면 '네', 부정하면 '아니오'로 답한다. 영어에서는 질문에 상관없이 내가 답하는 내용이 긍정문이면 '네', 부정문이면 '아니오'로 답한다. 예문을 통해 익히는 게 가장 좋다.

축구 좋아하세요? 네, 좋아해요. / 아뇨, 좋아하지 않아요.
Do you like soccer? Yes, I do. / No, I don't.

축구 안 좋아하세요? 네, 안 좋아해요. / 아뇨, 좋아해요.
Don't you like soccer? No, I don't. / Yes, I do.

1 다음 문장을 부정문으로 바꿔 보세요.

1. She speaks English very well.
→ She doesn't speak English very well.

2. He is good at math.
→

3. Are you working today?
→

4. I will tell you the truth.
→

5. They are my classmates.
→

6. Do you know him?
→

7. She was cooking then.
→

8. Did you meet him yesterday?
→

9. She made these cookies.
→

10. Is this your book?
→

11. I think so.
→

12. Do you like pizza?
→

2 다음 문장을 의문문으로 바꿔 보세요. (주어가 I, We일 경우는 You로/소유격이 my, our일 경우는 your로/목적어가 me, us일 경우는 you로 바꾸세요.)

1. She met him yesterday.
→ Did she meet him yesterday?

2. I will go to Hawaii this summer.
→

96

3. This is my car.
$\rightarrow$ _____

4. We finished our work.
$\rightarrow$ _____

5. I know the truth.
$\rightarrow$ _____

6. He left the office.
$\rightarrow$ _____

7. I am sure he will pass the exam.
$\rightarrow$ _____

8. The train hasn't arrived yet.
$\rightarrow$ _____

9. He didn't give it to me.
$\rightarrow$ _____

10. She is my sister.
$\rightarrow$ _____

11. I am working with them.
$\rightarrow$ _____

12. I've been to New York.
$\rightarrow$ _____

정답 및 해설

1 1. She doesn't speak English very well. 2. He isn't good at math. 3. Aren't you working today? 4. I won't tell you the truth. 5. They aren't my classmates. 6. Don't you know him? 7. She wasn't cooking then. 8. Didn't you meet him yesterday? 9. She didn't make these cookies. 10. Isn't this your book? 11. I don't think so. 12. Don't you like pizza?

1. 그녀는 영어를 잘 하지 못한다. 2. 그는 수학을 잘 못한다. 3. 오늘 일 안 하세요? 4. 너한테 진실을 말해 주지 않겠어. 5. 그들은 나의 반 친구가 아니다. 6. 그 사람 모르세요? 7. 그녀는 그때 요리를 하고 있지 않았다. 8. 어제 그 사람 만나지 않았어요? 9. 그녀가 이 쿠키를 만들진 않았어요. 10. 이거 네 책 아니니? 11. 나는 그렇게 생각하지 않아. 12. 피자 안 좋아하세요?

2 1. Did she meet him yesterday? 2. Will you go to Hawaii this summer? 3. Is this your car? 4. Did you finish your work? 5. Do you know the truth? 6. Did he leave the office? 7. Are you sure he will pass the exam? 8. Hasn't the train arrived yet? 9. Didn't he give it to you? 10. Is she your sister? 11. Are you working with them? 12. Have you been to New York?

1. 그녀는 어제 그를 만났나요? 2. 올 여름에 하와이에 가실 건가요? 3. 이거 당신 차인가요? 4. 일 다 마쳤나요? 5. 사실을 아세요? 6. 그 사람 퇴근했나요? 7. 그가 시험에 붙을 거라고 확신하세요? 8. 기차가 아직 도착하지 않았나요? 9. 그가 당신에게 그걸 주지 않았나요? 10. 그녀가 당신의 여동생인가요? 11. 그들과 함께 일하고 있나요? 12. 뉴욕에 가본 적 있어요?

1 의문사를 넣어 궁금한 것 물어보기

 강의 CD 08

What **is your name?** 이름이 뭔가요?
Where **are you from?** 고향이 어디세요?

Who won **the first prize?** 누가 1등을 했나요?
What is **in the box?** 상자 안에 뭐가 있죠?

Why are you **so angry at me?** 왜 나한테 그렇게 화가 난 거죠?
How did you get **his permission?** 어떻게 그의 허락을 얻었어요?

이보영의 ★ Point

> **1 의문사란 누구(who), 무엇(what) 등을 일컫는 말이다.**
> What **is your favorite color?** (무엇)
> **2 의문사는 문장에서 주어로 쓰인다.**
> Who cleaned **the room?**
> **3 의문사는 문장에서 주어 외의 역할을 하기도 한다.**
> When **is your birthday?**

1 의문사란 물으려는 내용, 즉 누구(who), 무엇(what), 언제(when), 왜(why), 어떻게(how), 어디에(where) 등을 말합니다. 이러한 의문사를 넣어 의문문을 만들 때는 언제나 의문사 또는 그 의문사가 이끄는 어구가 문장의 맨 앞에 나온다는 점 꼭 기억해 두세요.

2 의문사는 문장에서 주어로 쓸 수 있습니다. 이럴 때 문장의 어순은 어떻게 될까요? 의문사나 주어 모두 문장의 앞자리를 차지하는 선수들이죠. 그런데 그런 자리를 동시에 차지하고 있으니 의문사가 문장의 맨 앞으로 나오고 그 다음에는 동사가 이어집니다.

3 의문사는 주어 이외의 역할을 하는 경우가 많습니다. 그래도 의문사는 언제나 문장 맨 앞에 오죠. 그 다음에 기억할 점은 동사가 맨 앞으로 나오는 일반 의문문 어순입니다. 의문사가 맨 앞에 오고, 그 다음 동사, 주어로 이어지죠. ('의문사+be 동사+주어~?' 또는 '의문사+조동사(do, will 등)+주어+동사원형~?')

1 의문사란 누구(who), 무엇(what) 등을 일컫는 말이다.

의문사로 시작하는 의문문은 yes/no로 답할 수 없다. 다음 예문에서 대답을 잘 익혀 두자.

What is your favorite color?
→ **My favorite color is** blue. 내가 제일 좋아하는 색깔은 파란색이에요.

Who is that guy?
→ **He is** my boyfriend. 그는 내 남자친구예요.

When did you see him?
→ **I saw him** yesterday. 나는 어제 그를 만났어요.

Where do you live?
→ **I live** in Seoul. 저는 서울에 살아요.

2 의문사는 문장에서 주어로 쓰인다.

의문사가 주어로 쓰인 문장은 '의문사 + 동사' 의 순서다.

Who cleaned the room? 누가 방 청소를 했지?
→ **I did.** (did는 cleaned를 대신) 제가 했어요.

What is in your pocket? 주머니에 뭐가 있니?
→ **My cell phone is.** 휴대폰이 있어.

What happened to Jack? 잭에게 무슨 일이 있었죠?
→ **He was hit by a car yesterday.** 어제 차에 치였대요.

> • 처한 상황을 설명한다.

What made you come here?
무엇이 당신으로 하여금 여기 오게 했나요? = 여기 왜 오셨나요?

→ **I have an appointment here.** 여기서 약속이 있어요.

> • 이유를 설명한다.

3 의문사는 문장에서 주어 외의 역할을 하기도 한다.

be 동사가 쓰인 문장의 순서는 '의문사 + be 동사 + 주어 ~?' 다.

When is your birthday? 당신의 생일은 언제인가요?
→ **My birthday is May 2nd.** 제 생일은 5월 2일입니다.

> • May 2nd는 when에 대한 답이다.

Where is my book? 내 책 어디 있지?
→ **It is on the table.** 탁자 위에 있어.

- on the table은 where에 대한 답이다.

일반동사가 쓰인 문장의 순서는 '의문사+조동사(do, will 등)+주어+동사원형 ~?' 이다

What do you want to eat for lunch? 점심으로 뭘 먹고 싶어요?
→ **I want to have a pizza.** 전 피자가 먹고 싶어요.

How did you know that? 그걸 어떻게 알았죠?
→ **Jenny told me about it.** 제니가 얘기해 줬어요.

- 상황에 맞게 답한다.

한 발짝 더 ☐

의문사가 주어인지 아닌지 구분하기

의문사가 주어로 쓰였는지 아닌지를 구분하려면, 대답에서 무엇이 주어가 되는지를 파악하면 된다.

What's your name? → **My name is Michael.**
이름이 뭔가요? → 제 이름은 Michael입니다.

Who is it? → **It's me.**
누구세요? → 저예요.

Who is that woman? → **She is my sister.**
저 여자는 누구죠? → 제 여동생이에요.

- What과 Who는 주어가 아니라 주어를 보충하는 주격 보어로 쓰였다.

사람에 대해 who / what으로 물을 때의 차이

Who is she? She is Jane. / She is my teacher.

- 이름 또는 관계를 물을 때.

What is she? She's a doctor. / She's a teacher.

- 직업을 물을 때.

Who **is she?** 저 여자는 누구인가요?
What's **your name?** 이름이 뭐죠?

What color **do you like best?** 어떤 색을 제일 좋아하세요?
What type **of dog do you have?** 어떤 종류의 개를 갖고 있나요?

Where **does your family live?** 당신의 가족은 어디에 살고 있나요?
Why **didn't you call me?** 왜 나를 부르지 않았나요?

이보영의 ✳ Point

1 의문사가 대명사 역할을 한다.
What **are you looking for?**

2 의문사가 형용사 역할을 한다. 뒤에 명사가 온다.
What kind **of food do you like?**

3 의문사가 부사 역할을 한다.
When **did you have breakfast?**

---

1 의문사가 대명사로 쓰인다면, 의문대명사가 되겠군요. 어떤 경우가 있을까요? 대명사처럼 뭔가를 지칭하는 말로 쓸 때를 말하겠지요. 예문에서 보듯이 what(무엇), who(누구) 등이죠. 이외에도 whose(누구의 것), which(어떤 것), where(어디) 등이 있습니다.

2 의문사가 형용사로 쓰이면 의문형용사가 되겠지요? 의문사이면서 형용사 역할을 하는 거라면 명사를 꾸며 주는 의문사가 되겠군요. what kind, which one, whose book처럼 말이죠. 의문사 뒤에 꾸밈을 받는 명사가 옵니다.

3 의문부사라면 당연히 의문사이면서 부사 역할을 하겠지요? 이런 의문사라면 when(언제), where(어디로, 어디에, 어디서), why(왜, 어째서), how(어떻게, 어떤 식으로) 등의 의미로 쓰죠.

1   의문사가 대명사 역할을 한다.

대명사의 역할을 하는 의문사는 '무엇', '누구' 등으로 해석한다.

What are you looking for?
무엇을 찾고 있나요?

Who is it? 누구세요?

> • 누가 찾아왔을 때 하는 말

Which is your book?
(이것들 중에) 어느 것이 당신 책이죠?

2   의문사가 형용사 역할을 한다. 뒤에 명사가 온다.

형용사의 역할을 하는 의문사는 '의문사 + 명사'의 형태로 쓴다. 여기 의문사는 명사를 꾸며 준다.

What kind of food do you like?
어떤 종류의 음식을 좋아하세요?

Whose car is this? 이 차는 누구의 차인가요?

Which one is better? 어떤 것이 더 나은가요?

3   의문사가 부사 역할을 한다.

의문부사는 시간, 장소, 이유, 방법 등을 묻는다. 시간을 묻는 when의 쓰임을 살펴보자.

When did you have breakfast?
언제 아침을 드셨나요?

When are you going to leave for Italy?
언제 이탈리아로 떠나시죠?

장소를 묻는 where의 쓰임을 살펴보자.

Where are you going?
어디로 가시나요?

> • Where are you going to? 하면 '어디로 가시나요?' 라는 뜻은 같으나 여기서 where는 to where, 즉 '어디' 라는 의문대명사로 쓰인 것이다.

Where did you learn English?
어디에서 영어를 배우셨나요?

이유를 묻는 why의 쓰임을 살펴보자.

Why do you think so? 왜 그렇게 생각하세요?

이유를 묻는 표현들 중 다음과 같은 표현도 있다.

What makes you think so?
무엇이 당신으로 하여금 그렇게 생각하도록 만드나요? 왜 그렇게 생각하게 됐나요?

How come you think so?
왜 그렇게 생각하는 거죠?

> • 일상대화에서 많이 쓰는 표현으로 'how come + 주어 + 동사~' 는 '왜, 어째서' 라는 의미다. 외워 두면 좋다.

방법을 묻는 how의 쓰임을 살펴보자.

How do you go to work? 직장에는 어떻게 가세요?

> • 교통수단을 묻는 질문

How did you meet your wife?
어떻게 부인을 만나게 되셨나요?

한 발짝 더 □

How로 여러 질문을 할 수 있다.

수량, 정도를 물을 때 How 뒤에 many, much 등을 붙인다.

How much is it? 얼마예요?

How many brothers do you have? 형제가 몇 명이세요?

How old is your mother? 어머니 연세가 어떻게 되시죠?

어떤 상태를 나타내는 경우에 다음처럼 물을 수 있다. 가장 대표적인 예는 우리가 늘 쓰는 How are you?

How is it going? 어떻게 돼가나요? / 잘 지내세요?

How do I look? 저 어때요?

1 답변을 보고 알맞은 의문사를 채워 질문을 완성하세요.

1. <u>Where</u> do you live?
→ I live in Seoul.

2. _____ did they arrive here?
→ They arrived here one hour ago.

3. _____ kind of food is this?
→ This is Mexican food.

4. _____ did you know that?
→ He told me that.

5. _____ book is this?
→ That's mine.

6. _____ do you think so?
→ Because his idea is impractical.

7. _____ are they?
→ They are my family.

8. _____ made you come here?
→ I have an appointment here.

9. _____ is she?
→ She is a doctor.

10. _____ one is yours?
→ The blue one is mine.

2 1~10번의 밑줄 쳐진 의문사가 어떤 쓰임인지 구분해서 아래 밑줄에 번호를 적으세요.

a. 의문사가 주어로 쓰인 문장은? <u>3,   </u>

b. 의문사가 대명사로 쓰인 문장은? _____

c. 의문사가 형용사로 쓰인 문장은? _____

d. 의문사가 부사로 쓰인 문장은? _____

1. <u>Which</u> one do you want, the blue or the green one?
2. <u>When</u> are you going there?
3. <u>Who</u> gave it to you?
4. <u>Whose</u> children are they?
5. <u>What</u> are you doing now?
6. <u>Why</u> didn't you come here yesterday?
7. <u>What</u> happened?

8. <u>What</u> time is it now?

9. <u>When</u> did you have lunch?

10. <u>Who</u> told you that?

3 괄호 안의 단어들을 순서대로 배열하여 의문사로 시작하는 의문문을 만드세요.

1. (born/were/you) - I was born in Seoul.
→ <u>Where were you born?</u>

2. (did/leave/he/the office) - He left the office 30 minutes ago.
→ _____

3. (time/do/usually/get up/you/in the morning) - I get up at 7:00.
→ _____

4. (you/so/with/angry/him/are) - Because he lied to me.
→ _____

5. (you/get to/did/her/know) - I met her in college.
→ _____

정답 및 해설

1 1. Where 2. When 3. What 4. How 5. Whose 6. Why 7. Who 8. What 9. What
10. Which
1. 어디에 사세요? 전 서울에 살아요. 2. 그들은 여기에 언제 도착했죠? 그들은 한 시간 전에 도착했어요. 3. 이건 어떤 종류의 음식인가요? 이건 멕시코 음식이에요. 4. 어떻게 그걸 아셨어요? 그가 말해 줬어요. 5. 이건 누구 책인가요? 그거 제 거예요. 6. 왜 그렇게 생각하세요? 왜냐하면 그의 생각은 비현실적이기 때문이에요. 7. 그들은 누구죠? 그들은 우리 가족이에요. 8. 여기에 어떻게 오셨어요? 여기서 약속이 있어요. 9. 그녀는 뭐 하는 사람인가요? 그녀는 의사예요. 10. 어떤 게 당신 거죠? 파란색이 제 거예요.

2 a. 3, 7, 10   b. 3, 5, 7, 10   c. 1, 4, 8   d. 2, 6, 9
1. 파란 거 아니면 녹색, 어떤 걸 원하세요? 2. 거기에 언제 가실 건가요? 3. 누가 당신에게 그걸 주었죠? 4. 저들은 누구 애들인가요? 5. 지금 뭐 하고 계세요? 6. 왜 어제 여기에 안 오셨어요? 7. 무슨 일이에요? 8. 지금 몇 시인가요? 9. 언제 점심 드셨어요? 10. 누가 그걸 말해 줬죠?

3 1. Where were you born? 2. When did he leave the office? 3. What time do you usually get up in the morning? 4. Why are you so angry with him? 5. How did you get to know her?
1. 어디서 태어나셨어요? – 전 서울에서 태어났어요. 2. 그 사람 언제 퇴근했죠? – 그는 30분 전에 퇴근했어요. 3. 아침에 보통 몇 시에 일어나세요? – 전 7시에 일어나요. 4. 왜 그에게 그렇게 화가 난 거죠? – 왜냐하면 그가 나에게 거짓말을 했기 때문이에요. 5. 어떻게 그녀를 알게 됐나요? – 대학에서 그녀를 만났어요.

1 궁금한 것을 묻는 여러 가지 방법

 강의 CD 09

Jane is **very kind**, isn't she? 제인은 참 친절해요, 안 그래요?
Jack didn't tell **you the truth**, did he?
잭이 너한테 사실을 말하지 않았구나, 그렇지?

Are you American or British? 당신은 미국인인가요, 영국인인가요?
Would you like tea or coffee? 커피나 홍차 드릴까요?

I don't know what time it is. 나는 몇 시인지 모른다.
Do you know who she is? 저 여자가 누군지 아세요?

이보영의 ✴ Point

1 상대방에게 동의를 구하고 싶으면 부가의문문을 쓴다.
Your mother is **a doctor**, isn't she?

2 선택의문문은 무엇을 택할 것인지를 묻는다.
Is it **blue or green**?

3 간접의문문은 다른 문장 속에 들어가 있다.
Do you know **where she lives**?

1 자신이 한 말에 대해 상대에게 동의를 구하거나 확인을 하고 싶을 때가 있죠? 그럴 때 평서문 뒤에 덧붙이는 의문문을 부가의문문이라고 합니다. 대화에서 참 많이 쓰죠. '그렇지요?(긍정)' 혹은 '안 그런가요?(부정)' 정도의 의미로 이해하면 됩니다.

2 의문문에는 A or B, 어느 하나를 택할 것을 요구하는 의문문도 있습니다. 선택의문문이라고 하는데, 대답으로 yes/no가 나오면 안 됩니다. 질문할 때 or 앞부분은 올려 읽고, or 뒷부분은 내려 읽어야 하는 것도 기억해 두세요.

3 무엇인가를 묻는 내용이 전체 문장의 일부로 들어가 있을 때 이를 간접의문문이라고 하지요. 이때 의문사가 이끄는 부분은 '주어+(조동사)+동사'의 어순으로 바꿔 전체를 하나의 목적어로 이해하면 됩니다.

1 상대방에게 동의를 구하고 싶으면 부가의문문을 쓴다.

부가의문문은 앞에 나온 '주어＋동사'를 이용하여 그 반대 상황을 묻는다.
('한 발짝 더'를 참조)

Your mother is **a doctor,** isn't she?
당신 어머니는 의사시죠, 안 그런가요?

Your brother doesn't like **opera,** does he?
네 동생은 오페라를 좋아하지 않지, 그렇지?

You can play **the guitar,** can't you?
당신은 기타 칠 줄 알죠, 안 그런가요?

This is **your bike,** isn't it?
이거 네 자전거지, 안 그러니?

Those are not **his books,** are they?
저것들은 그의 책이 아니야, 그렇지?

2 선택의문문은 무엇을 택할 것인지를 묻는다.

Is it blue or green? 그건 푸른색인가요, 녹색인가요?
→ It is green.

• 물론 It is blue.라고 대답할 수 있다. 주의할 점은 yes/no로 답하지 않는다는 것이다.

Will you have tea or coffee? 차나 커피 드시겠어요?
→ I will have tea.

• I will have coffee.도 가능한 답이다. 둘 다 싫을 경우 No, thanks. 정도로 답하면 된다.

3 간접의문문은 다른 문장 속에 들어가 있다.

직접의문문의 어순은 '의문사＋(조동사)동사＋주어'고, 간접의문문의 어순은 '의문사＋주어＋(조동사)동사'다.

Where does she **live?** 그녀는 어디에 사나요?

Do you know where she **lives?** 그녀가 어디에 사는지 아나요?

I don't know where she **lives.** 저는 그녀가 어디에 사는지 모릅니다.

What did he **say in the meeting?** 그가 회의에서 뭐라고 말했나요?

Do you know what he said **in the meeting?**
그가 회의에서 뭐라고 말했는지 아세요?

I don't know what he said **in the meeting.**
저는 그가 회의에서 뭐라고 말했는지 모릅니다.

예외도 있다. think, believe가 쓰인 의문문에서는 간접의문문의 의문사가 맨 앞으로 나온다.

Who do you think he is? (○) 그가 누구라고 생각하세요?
Do you think who he is? (×)

What do you believe the truth is? (○)
진실이 뭐라고 믿으세요?
Do you believe what the truth is? (×)

한 발짝 더 ☐

부가의문문 만들기

1. 앞의 문장이 긍정이면 뒤의 부가의문문은 부정으로
2. 앞의 문장이 부정이면 뒤의 부가의문문은 긍정으로
3. 부가의문문의 주어는 앞에 나온 주어를 대명사로 받는다.
   this / that은 it으로 these / those는 they로.
4. be동사는 그대로 부가의문문에 사용
5. 일반동사일 경우 do 조동사 사용
6. 그 밖의 조동사가 쓰였을 경우 그대로 사용

예문을 통해 점검해 보자.

Jane is **kind**, isn't she? 제인은 친절해, 안 그러니?
You like **swimming**, don't you? 넌 수영을 좋아하지, 그렇지 않니?
Jack can **play the guitar**, can't he? 잭은 기타 칠 줄 알지, 안 그러니?

Jane isn't **kind**, is she? 제인은 친절하지 않아, 그렇지?
You don't **like swimming**, do you? 넌 수영을 좋아하지 않지 그렇지?
Jack can't **play the guitar**, can he? 잭은 기타를 칠 줄 모르지, 그렇지?

This is **your car**, isn't it? 이거 당신 차죠, 안 그런가요?
Those are **your books**, aren't they? 저것들 당신 책이죠, 아닌가요?

GROUP 09

2 명령하고 감탄하기

MP3 강의 ▶ ▶ ▶

Be careful. 조심해.

Don't go there. 거기에 가지 마.

Please sit down. 앉으세요.

Let's not talk about it now. 우리 지금 그 얘기 하지 말자.

What a pretty girl (she is)! 정말 예쁜 소녀군!

이보영의 ★ Point

1 명령문은 동사원형으로 시작한다.
   Stop it.
2 명령문이지만 부탁과 권유를 나타내기도 한다.
   Open the window, will you?
3 감탄문은 How 또는 What으로 시작한다.
   How handsome he is! / What a handsome man he is!

1 명령문은 간단하게 말하면 상대방, 즉 you에게 '~해라'라고 말하는 것이지요. 그러므로 명령문의 주어는 언제나 you입니다. 그러나 보통은 주어를 생략하고, 동사의 원형으로 시작한다는 점 기억해 두세요.

2 형태는 명령문이지만 내용을 보면 명령이 아닌 부탁이나 권유를 나타내는 경우가 있습니다. 그러나 형태상으로 보면 엄연히 동사의 원형으로 시작하는 명령문임에 틀림이 없습니다.

3 때로는 기쁨과 놀라움 등을 표현하고 싶을 때가 있는데, 이럴 때 감탄문을 쓰죠. 감탄문을 만들려면 의문사 how와 what의 도움이 필요합니다. 그리고 감탄문에서는 주어와 동사가 생략되는 경우가 많다는 것도 알아 두시기 바랍니다.

1 명령문은 동사원형으로 시작한다.

'~해라' 라는 긍정의 명령문은 동사원형으로 시작한다.

Stop it. 그만해.

Be kind to other people. 다른 사람들에게 친절해라.

'~하지 마라' 라는 부정의 명령문은 'Don't+동사원형' 으로 시작한다.

Don't be nervous. 걱정하지 마.

Don't bother me. 날 성가시게 하지 마.

명령문의 주어 you를 생략하지 않는 경우도 있다. 상대를 명확히 밝히고자 할 때다. 그러나 동사의 원형은 바뀌지 않는다.

You be quiet. 너, 조용히 해.

　• be 대신 are를 써서 You are quiet.라고 쓰지 않는다.

You stop it. 너, 그만해.

2 명령문이지만 부탁과 권유를 나타내기도 한다.

명령문 뒤에 부가의문문 will you를 붙인다.

Open the window, will you? 창문 좀 열어 주시겠어요?

Don't open the window, will you?
창문을 열지 마세요.

　• 명령문의 부가의문문은 언제나 will you?이고, 뜻은 '그래 주시겠어요'
　정도이므로 문맥상 부탁하는 내용으로 해석하는 것이 좋다.

magic word라고 하는 Please를 붙여 부탁을 표현하는 경우를 살펴보자.

Be quiet, please. 조용히 해주세요.

Please don't do that. 그러지 마세요.

Let's (not)로 시작하여 권유를 나타내기도 한다. Let's (not) 뒤에는 동사 원형이 온다. 부가의문문 shall we를 붙이기도 한다.

Let's go out. / Let's go out, shall we?
나가자.

Let's not go **out**. / Let's not go **out**, shall we?
나가지 말자.

- Let's ~ 문장의 부가의문문은 언제나 shall we?이고, 특별히 해석을 덧붙이지 않는 것이 좋다.

3 감탄문은 How 또는 What으로 시작한다.

How로 시작하는 감탄문의 어순은 'How+형용사(부사)+주어+동사'다.

How handsome he is!
그는 너무 잘 생겼어!

How smart you are!
너는 정말 똑똑하구나!

What으로 시작하는 감탄문의 어순은 'What+(a/an)+형용사+명사+주어+동사'다.

What a handsome man he is!
그는 정말 잘생긴 남자야!

What a smart girl you are!
너는 정말 똑똑한 애구나!

What lovely weather we are having!
얼마나 화창한 날씨인가!

- 복수명사 또는 셀 수 없는 명사가 올 경우 a(an)를 붙이지 않는다.

감탄문의 '주어+동사' 생략하기

How beautiful (she is)! 정말 아름답다!

How exciting (it is)! 정말 재미있다!

What a cute baby (she is)! 정말 귀여운 아기야!

What a tall building (it is)! 정말 높은 빌딩이다!

What a fine day (it is)! 날씨 정말 화창하다!

1 밑줄 부분에 부가의문문을 넣어 문장을 완성하세요.

1. She is so beautiful, <u>isn't she</u> ?
2. You didn't eat anything today, _____ ?
3. That was your mistake, _____ ?
4. Your father doesn't like musicals, _____ ?
5. You've not done it yet, _____ ?

2 괄호 안의 단어들을 간접의문문의 어순대로 바꿔 보세요.

1. I know (who is he). → I know <u>who he is.</u>
2. Do you know (he where worked before)?
   → Do you know _____.
3. (think do you how) he made it? → _____ he made it?
4. We asked her (we get the results could when).
   → We asked her _____.
5. I don't know (what is it time). → I don't know _____.

3 다음 의문문에 대한 적당한 답을 만들어 보세요.

1. Is it blue or green?
→ It is blue. / It is green.

2. What do you want to eat, spaghetti or pizza?
→ _____

3. Are you coming with us or not?
→ _____

4. Will you have tea or coffee?
→ _____

5. Which cap is yours, the black one or the red one?
→ _____

4 주어진 문장을 감탄문으로 바꿔 보세요.

1. He is very kind.
→ How kind (he is)!

2. He is a very fast runner.

→ _____

3. This game is so exciting.

→ _____

4. She is a very pretty girl.

→ _____

5. It is a very nice car.

→ _____

5 괄호 안의 단어들을 순서대로 배열하여 명령문을 만들어 보세요.

1. (quiet/be/please) → Be quiet, please._____
2. (bother/don't/me) → _____
3. (leave here/before/don't/I come back) → _____
4. (home/early/come/today) → _____
5. (in/anything/touch/this room/don't) → _____

정답 및 해설

1 1. isn't she 2. did you 3. wasn't it 4. does he 5. have you

1. 그녀는 정말 아름답죠, 그렇죠? 2. 당신 오늘 아무것도 안 먹었죠, 그렇죠? 3. 그건 당신 실수였어요, 안 그래요?
4. 너희 아버지는 뮤지컬을 안 좋아하시지, 그렇지? 5. 너 아직 그 일 안 끝냈지, 그렇지?

2 1. who he is 2. where he worked before 3. How do you think 4. when we could get
the results 5. what time it is

1. 나는 그가 누군지 알아요. 2. 그가 전에 어디서 일했는지 아세요? 3. 그가 어떻게 그걸 만들었다고 생각하세요?
4. 우리는 그녀에게 언제 결과를 알 수 있는지 물었다. 5. 지금 몇 신지 모르겠군요.

3 1. It is blue. / It is green. 2. I want to eat spaghetti. / I want to eat pizza. 3. I'm coming
with you. / I'm not coming with you. 4. I will have tea. / I will have coffee. 5. The black
one is mine. / The red one is mine.

1. 그건 파란색인가요, 녹색인가요? → 파란색이에요. / 녹색이에요. 2. 스파게티 아니면 피자, 뭘 먹고 싶어요? →
난 스파게티가 먹고 싶어요. / 난 피자가 먹고 싶어요. 3. 우리하고 같이 갈 거예요, 말 거예요? → 난 같이 갈 거
예요. / 난 같이 안 갈래요. 4. 차나 커피 드시겠어요? → 차로 주세요. / 커피로 주세요. 5. 검정색 아니면 빨간색,
어떤 모자가 당신 거죠? → 검은 게 제 거예요. / 빨간 모자가 제 거예요.

4 1. How kind (he is)! 2. What a fast runner (he is)! 3. How exciting (this game is)!
4. What a pretty girl (she is)! 5. What a nice car (it is)!

1. 그는 아주 친절하다. → 참 친절도 하지! 2. 그는 아주 빨리 달린다. → 정말 빠르기도 하지! 3. 이 게임은 정말
재미있다. → 정말 재미있군! 4. 그녀는 정말 예쁜 소녀다. → 참 예쁘게 생겼구나! 5. 그건 정말 멋진 차다. → 정말
멋진 차군!

5 1. Be quiet, please. 2. Don't bother me. 3. Don't leave here before I come back.
4. Come home early today. 5. Don't touch anything in this room.

1. 조용히 해주세요. 2. 날 괴롭히지 마. 3. 내가 오기 전에 여길 떠나선 안 돼. 4. 오늘 집에 일찍 오너라. 5. 이 방
에 있는 건 아무것도 손대지 마세요.

1 Why don't you + 동사?

'동사' 하는 게 어떻겠어요? '동사' 하지 그러세요?

Why don't you have some cookies?

쿠키 좀 드세요.

> 이 패턴은 부정문의 형태로서 직역하면 '왜 ~하지 않으세요?' 라는 뜻이지만
> '~하는 게 어떠세요' 또는 '~하세요' 정도의 권유하는 의미로 이해하면 된다.

Why don't you have a seat?
좀 앉으세요.

Why don't you come in?
들어오세요.

Why don't you try this coat on?
이 코트 한번 입어 보시죠.

Why don't you come with us?
우리랑 같이 가는 게 어때요?

2 How(What) about ~?

~는 어떤가요?

How about a piece of pizza?

피자 한 조각 드시겠어요?

> 상대방의 의향을 묻는 표현으로 '~에 대하여 어떻게 생각하는가?' 라는 의미
> 다. 때로는 Why don't you ~?처럼 권유의 뜻으로 쓰기도 한다.

What about you?
당신은 어때요?

> • 생각이나 의견을 물을 때 쓸 수 있는 표현이다.

How about having a party this Saturday?
이번 토요일에 파티 하는 거 어때?

What about the windows?
창문은 어떻게 할까요? (닫을까요? 열어 둘까요?)

How about a beer tonight?
오늘 밤에 맥주 어때?

114

3 명령문, and ~

~해라, 그러면 ~

Get some sleep, and you'll feel better.

잠을 좀 자도록 해. 그럼 기분이 나아질 거야.

> 명령문 또는 그와 비슷한 의미의 구문, 또는 조건의 의미를 나타내는 구문 다음에 and를 써주면 '그러면', '그랬다면' 등의 뜻이 된다.

Take a taxi to the station, and you'll make the last train.

역까지 택시를 타고 가. 그럼 마지막 기차 시간에 댈 수 있을 거야.

Don't quarrel with your brother, and I'll take you to the amusement park.

동생하고 싸우지 마라. 그럼 너희들을 놀이공원에 데려가 줄게.

A little more time, and I could have done it better.

시간이 좀 더 있었으면 더 잘할 수 있었는데.

4 명령문, or ~

~해라, 그렇지 않으면 ~

Hurry up, or you'll be late for work.

서둘러. 안 그러면 회사에 지각할 거야.

> 명령문 다음에 오는 and와 반대의 의미로서 or를 써주면 '그렇지 않으면'이라는 뜻이 된다.

Listen to my advice, or you'll be sorry later.

내 충고를 잘 들어. 안 그러면 나중에 후회할 거야.

Don't eat too much, or you'll have a stomachache.

너무 많이 먹지 마. 안 그러면 배탈날 거야.

Put on your coat, or you will catch a cold.

코트를 입어. 안 그러면 감기에 걸릴 거야.

5 so + 동사 + 주어
'주어'도 그러하다

So do I.
나도 그래.

앞서 나온 내용이 긍정문일 때 그 내용을 받아 '~도 그러하다'라는 뜻을 나타낸다. 이때 so 다음에 오는 동사는 앞 문장에 쓰인 동사(be 동사, 조동사, 일반동사의 경우 do 동사)에 일치시킨다.

A: I am hungry.
B: So am I.
A: 나 배고파.
B: 나도 그래.

• So am I.는 I am hungry, too.란 의미다.

A: I like soccer.
B: So do I.
A: 난 축구 좋아해.
B: 나도 그래.

• So do I.는 I like soccer, too.란 의미다.

I passed the exam and so did Jane.
= I passed the exam, and Jane passed the exam, too.
나는 시험에 합격했고 제인도 그렇다.

6 nor(neither)+동사+주어
'주어' 도 그렇지 않다

Neither do I.
나도 그렇지 않아.

so ~ 구문과는 반대로 앞서 나온 내용이 부정문일 때 그 내용을 받아 '~도 그렇지 않다' 라는 뜻을 나타낸다. 그러나 우리말로는 그냥 '~도 그래' 라고 해석하는 것이 자연스럽다.

A: I can't play the guitar.
B: Neither can I.
A: 난 기타 칠 줄 몰라.
B: 나도 그래. (나도 칠 줄 몰라.)

- Neither can I.는 I can't (play the guitar), either.란 의미다. (부정문에서는 too 대신 either를 써준다.)

A: I don't know him.
B: Neither do I.
A: 난 저 사람 몰라.
B: 나도 그래. (나도 몰라)

- Neither do I.는 I don't know him, either.란 의미다.

I haven't eaten breakfast yet nor has he.
= I haven't eaten breakfast yet, and he hasn't (eaten breakfast yet), either.
나는 아직 아침을 안 먹었고 그도 그래요(안 먹었어요).

조동사

동사 하나만으로 뜻을 충분히 전달하지 못할 때 조동사가 필요합니다.
이미 미래 시제에서 will, shall을, 부정문과 의문문에서 do를 배웠지요.
여기서는 어감을 풍부하게 해주는 다양한 조동사들을 익히게 됩니다.
조동사를 자유자재로 구사해야 '영어 좀 한다'는 소리를 들을 수 있는데,
예문을 많이 외워 두면 좋습니다.

Lecture 4

MP3 강의 CD 10

I will listen to **your advice.** 너의 충고를 듣겠다.

He won't accept **my apology.**
그는 나의 사과를 받으려 하지 않는다.

She would often take **a walk in the morning.**
그녀는 아침에 종종 산책을 하곤 했다.

Will you join **our club?** 우리 클럽에 들어오시겠어요?

Would you speak **more slowly?** 좀 더 천천히 말씀해 주시겠어요?

이보영의 ★ Point

> **1 조동사는 동사를 돕는 동사로 뒤에 동사원형이 온다.**
>   I will do it.
> **2 will은 '고집', '습관', '경향'을 나타내고 싶을 때 쓴다.**
>   He won't take my advice. (고집)
> **3 권유, 부탁의 will도 있다. would는 정중한 표현이 된다.**
>   Would you do me a favor?

1 조동사란 '동사를 보조하는 동사' 란 뜻이죠. 조동사 뒤엔 항상 동사원형이 오죠. 이미 '부정과 의문', '동사의 시제' 에서 조동사 do 또는 will 등을 공부했습니다. 이번 강의에서는 will, would를 비롯하여 대표적인 조동사들, 예를 들어 can, could, may, might, shall, should 등을 공부하겠습니다.

2 조동사 will은 미래 시제를 나타낸다고 이미 배웠습니다. 하지만 다른 쓰임도 많죠. 바로 고집이나 습관, 경향을 나타낼 때 잘 쓰죠. 이런 쓰임은 예문을 통해 익히는 것이 가장 좋습니다. 가장 맘에 드는 예문을 골라 외워 두기 바랍니다.

3 will은 또한 남에게 무엇인가를 권하거나 부탁할 때도 씁니다. 하지만 would를 쓰면 더욱 정중한 표현이 된다는 점 꼭 기억하세요.

1 조동사는 동사를 돕는 동사로 뒤에 동사원형이 온다.

이미 앞에서 여러 조동사를 배웠다.

I don't like it. 나는 그것을 좋아하지 않는다.

- 부정문에 쓰인 조동사 do

Do you like it? 그거 좋아해?

- 의문문에 쓰인 조동사 do

I have done it. 나는 그것을 다 했다.

- 완료 시제에 쓰인 조동사 have

미래 시제를 나타내는 will에 대해서도 배웠다.

I will do it. 내가 그것을 하겠다.

I thought he would do it. 나는 그가 그것을 하리라고 생각했다.

- thought가 과거이므로 will의 과거형 would를 써준다.

2 will은 '고집', '습관', '경향' 을 나타내고 싶을 때 쓴다.

고집의 의미로 쓰인 will

He won't take my advice. 그는 내 충고를 받아들이려 하지 않는다.

He would not take my advice.
그는 내 충고를 받아들이려 하지 않았다.

습관의 의미로 쓰인 will

She will play the piano for hours at a time.
그녀는 한 번에 몇 시간씩 피아노를 치곤 한다.

She would play the piano for hours at a time.
그녀는 한 번에 몇 시간씩 피아노를 치곤 했다.

어떤 '경향' 을 나타낼 때 will을 쓴다.

Accidents will happen.
사고란 일어나기 마련이다.

3 권유, 부탁의 will도 있다. would는 더 정중한 표현이 된다.

누군가에게 '권유'할 때 will이 쓰인다.

Will you have some coffee? 커피 좀 드시겠어요?

Won't you have some coffee? 커피 좀 드시지 않겠어요?

Will you come to my party? 내 파티에 오겠니?

Won't you come to my party? 내 파티에 오지 않을래?

부탁할 때도 will이 쓰인다. 같은 표현이라도 will 대신 would를 쓰면 더 정중한 표현이 된다.

Will you shut the door? 문 좀 닫아 주시겠어요?

Will you do me a favor? 부탁 하나만 들어줄래요?

Would you do me a favor? 부탁 하나만 들어줄래요?

• 정중하게 표현하고 싶다면, would로 시작하면 된다.

한 발짝 더 ☐

'used to ~'도 조동사다.

'used to + 동사원형'은 'would + 동사원형'에 비해 ① 과거에 규칙적으로 일어난 일 ② 일정 기간 동안 지속된 상태를 나타낼 때 쓰인다. 대화에 많이 쓰이므로 예문을 통해 의미를 정확하게 알아 두어야 한다.

I used to go to the cinema very often. (But I don't go very often now.)
나는 자주 영화를 보러 가곤 했다. (그러나 지금은 그렇게 자주 가지 못한다.)

He used to smoke a lot when he was young.
그는 젊었을 때 담배를 많이 피웠다.

• 지금은 담배를 많이 피우지 않는다는 뜻이 된다.

There used to be a white house here.
여기에 하얀색 집이 하나 있었는데

• 지금은 없다는 뜻.

She used to be a ballerina.
그녀는 발레리나였다.

• 지금은 '발레리나'가 아니라는 뜻이 된다.

GROUP

10

2 shall과 should의 여러 가지 쓰임

MP3 강의 ▶▶▶

What shall I do? 나는 어떻게해야 하죠?

Shall we dance? 춤출래요?

You should do it now. 너는 지금 그걸 해야 해.
You shouldn't do it now. 너는 지금 그걸 해선 안 돼.

You should have done it then. 너는 그때 그걸 했어야 했는데.
You should not have done it then.
너는 그때 그걸 하지 말았어야 했는데.

이보영의 ★ Point

1 shall은 상대에게 의향을 묻거나 권유할 때 동반한다.
  Shall I keep this pen?
2 '~해야 한다' 라고 조언하고 싶다면, should를 쓴다.
  You should be polite to your teacher.
3 '~했어야 했는데' 라는 표현에도 should를 쓴다.
  He should have told her the truth.

1　shall도 will처럼 미래 시제를 나타낼 때 쓰는 조동사지만 그다지 많이 쓰지는 않는다는 점 이미 배우셨지요? 그러나 상대방의 의향을 묻거나 권유하는 표현에 쓰이는 shall은 반드시 기억해야 합니다. 유명한 영화 *Shall we dance*도 바로 그 의미죠.

2　shall은 과거형인 should가 오히려 더 많은 쓰임을 가지고 있는 조동 사라고 할 수 있지요. should는 우선 '~해야 한다' 는 뜻으로 충고하 거나 조언할 때 쓴답니다. 예문을 통해 정확한 의미를 파악하는 게 중요 합니다.

3　should는 과거에 하지 못한 일, 이루지 못한 일 등에 대한 후회나 유감 을 나타내기도 하죠. '~했어야 했는데' 라고 자연스럽게 해석하면 됩니 다. 일상 대화에 자주 등장하죠.

1 shall은 상대에게 의향을 묻거나 권유할 때 동반한다.

미래 시제를 쓸 때 shall을 쓴다.

I shall(will) go to London next month.
나는 다음 달에 런던에 갈 것이다.

- shall은 주로 I 또는 We, 즉 1인칭과 함께 쓴다.

상대에게 '의향' 을 물을 때 shall을 쓴다.

Shall I keep this pen? 이 펜 제가 가져도 될까요?

누군가에게 '~할래요?' 라고 권유할 때 shall을 쓴다.

Shall we go to see a movie tonight? 오늘 밤에 영화 보러 갈래요?

- 같은 의미로, Let's go to see a movie tonight, shall we?라고 쓸 수 있다. shall의 뉘앙스를 잘 파악해 두자.

2 '~해야 한다' 라고 조언하고 싶다면, should를 써라.

'should + 동사원형' 은 '~해야 한다' 란 뜻이 된다.

You should be polite to your teacher.
선생님께 예의를 지켜야 한다.

We should observe the law. 우리는 법을 지켜야 한다.

뒤에서 배울 must와는 어떻게 다를까? 아래 예문을 통해 확인해 보자.

You should finish your report. 넌 보고서를 끝내야 해.

- '보고서를 끝내는 게 좋겠다' 는 뜻이 된다.

You must finish your report. 넌 보고서를 끝내야 해.

- '보고서를 끝내야만 한다' 는 뜻이 된다. should는 must보다 약한 의미로서, 바람직하다고 생각되는 일을 조언하는 의미가 크다.

'should not + 동사원형' 은 '~해서는 안 된다' 란 의미다.

You shouldn't leave the party now.
지금 파티를 떠나서는 안 된다.

You shouldn't go there alone. 거기에 혼자 가서는 안 된다.

You shouldn't speak so loudly. 그렇게 큰 소리로 말해서는 안 된다.

3 '~했어야 했는데' 라는 표현에도 should를 쓴다.

'should + have + 과거분사' 모양으로 쓰면 '~했어야 했는데'란 뜻으로
후회를 나타낸다.

He should have told her the truth.
그가 그녀에게 진실을 말했더라면 좋았을걸.

He should not have told her the truth.
그는 그녀에게 진실을 말하지 말았어야 했다.

  • not의 위치를 잘 보세요. should와 have 사이에 온다.

I should have bought that car.
내가 그 차를 샀어야 했는데.

I shouldn't have bought that car.
나는 그 차를 사지 말았어야 했어.

  • shouldn't = should not

한 발짝 더 ☐

ought to는 should와 비슷한 의미의 조동사다.

You ought to come home by 10 o'clock. 넌 10시까지 집에 와야 해.

You ought not to come home so late. 넌 집에 그렇게 늦게 오면 안 돼.

You ought to have come home earlier. 넌 집에 좀 더 일찍 왔어야 해.

'should + 동사원형'은 이런 말들과 짝을 이룬다.

필요, 당연, 제안, 주장, 명령, 요구, 유감 등을 나타내는 동사 또는 형용사가 쓰일 때

It is necessary that we (should) listen to his advice.
우린 그의 충고에 귀를 기울일 필요가 있다.

  • should는 보통 생략하는 경우가 많다.

It was natural that she (should) pass the exam.
그녀가 시험에 합격한 것은 당연했다.

I insisted that he (should) change the plan.
나는 그가 계획을 바꿔야 한다고 주장했다.

He proposed that I (should) find a new job.
그는 나에게 새로운 직업을 찾아볼 것을 제안했다.

1 will 또는 would, shall 또는 should를 넣어 문장을 완성하세요.

1. She _will_ probably go to Italy next year.
2. _____ you have some cookies?
3. _____ we take a break for a while?
4. He _____ often practice the violin for hours before.
5. _____ I open the window?
6. _____ you do me a favor?
7. Accidents _____ happen.
8. I tried to apologize to her, but she _____ not accept it.
9. _____ we have dinner together tonight?
10. I'm trying to open the window, but it _____ not open.

2 괄호 안의 단어들을 순서대로 배열하여 완성된 문장을 만드세요.

1. (my party / to / won't / come / you / tonight)
   → Won't you come to my party tonight?

2. (used / big / be / to / a / there / here / tree)
   → _____

3. (ought to / your / you / promise / keep)
   → _____

4. (we should / that / with / go / he proposed / him)
   → _____

5. (shall / what / do / I)
   → _____

3 보기의 동사 가운데 하나를 골라 should 또는 shouldn't를 붙여 문장을 완성하세요. (의미상 가장 적당한 동사를 선택하세요.)

apologize, take, play, talk, go, stop, call, eat, touch, see

1. You _shouldn't talk_ loudly in the library.
2. You look so pale. You _____ a doctor.
3. It's too late. You _____ the guitar at this time.
4. You didn't sleep at all last night. You _____ working and get some sleep.

5. He will probably be sleeping at this time. You _____ him now.

6. It's raining. You _____ an umbrella.

7. This plate is very hot. You _____ it.

8. I think you made a mistake. You _____ to her.

9. It's a dangerous place. You _____ there alone.

10. You _____ too many sweets.

4 보기의 동사 가운데 하나를 골라 should have 또는 shouldn't have를 붙여 문장을 완성하세요. (의미상 가장 적당한 동사를 선택하세요.)

> register, come, study, see, say, buy

1. She is angry with your behavior. You _shouldn't have said_ that.

2. The meeting has already begun. You _____ a little earlier.

3. He failed to pass the exam this time. He _____ harder.

4. Professor Kim is very tough. You _____ for his class.

5. The movie was great. You _____ it with us.

6. The bargain sale was over. You _____ the coat yesterday.

정답 및 해설

1 **1. will / 2. Will 또는 Would / 3. Shall / 4. would / 5. Shall / 6. Will 또는 Would / 7. will 8. would / 9. Shall / 10. will**

1. 그녀는 아마 내년에 이탈리아에 갈 것이다. 2. 쿠키 좀 드시겠어요? 3. 잠깐 쉬어도 될까요? 4. 그는 전에 몇 시간씩 바이올린을 연습하곤 했다. 5. 제가 창문을 열까요? 6. 제 부탁 하나 들어줄래요? 7. 사고란 일어나기 마련이다. 8. 난 그녀에게 사과하려고 했다. 그러나 그녀는 나의 사과를 받아들이려 하지 않았다. 9. 오늘 우리 같이 저녁 먹을까요? 10. 창문을 열려고 하는데 잘 안 열리네요.

2 **1. Won't you come to my party tonight? 2. There used to be a big tree here. 3. You ought to keep your promise. 4. He proposed that we should go with him. 5. What shall I do?**

1. 오늘 밤에 내가 하는 파티에 오지 않을래요? 2. 여기에 큰 나무가 있었는데. 3. 넌 네가 한 약속을 지켜야 해. 4. 그는 우리에게 자기와 함께 가자고 제안했다. 5. 난 어떻게 해야 하죠?

3 **1. shouldn't talk 2. should see 3. shouldn't play 4. should stop 5. shouldn't call 6. should take 7. shouldn't touch 8. should apologize 9. shouldn't go 10. shouldn't eat**

1. 도서관에서는 크게 이야기하면 안 돼. 2. 너 너무 창백해 보여, 의사를 만나 봐야겠다. 3. 너무 늦었어, 이런 시간에 기타를 치면 안 돼. 4. 넌 어젯밤에 한숨도 안 잤잖아. 일은 그만하고 잠을 좀 자도록 해. 5. 그는 아마 지금 잠을 자고 있을 거야. 지금 그에게 전화를 해서는 안 돼. 6. 비가 오는군. 우산을 가져가렴. 7. 이 접시는 아주 뜨거워. 만지면 안 돼. 8. 난 네가 실수를 했다고 생각해. 넌 그녀에게 사과를 해야 해. 9. 거긴 위험한 곳이야. 넌 거기 혼자 가면 안 돼. 10. 단 걸 너무 많이 먹으면 안 돼.

4 **1. shouldn't have said 2. should have come 3. should have studied 4. shouldn't have registered 5. should have seen 6. should have bought**

1. 그녀는 너의 행동에 화가 나 있어. 넌 그런 말을 하지 말았어야 했어. 2. 회의는 이미 시작됐어요. 좀 더 일찍 오셨어야 했어요. 3. 그는 이번에 시험에 떨어졌다. 그는 좀 더 열심히 공부했어야 했다. 4. 김 교수님은 굉장히 힘든 분이야. 넌 그분 수업은 등록하지 말았어야 했어. 5. 그 영화 정말 대단했어. 너도 우리랑 같이 봤어야 했는데. 6. 바겐세일은 끝났어. 넌 어제 그 코트를 샀어야 했는데.

MP3 강의 CD 11

I can speak English. 나는 영어를 할 수 있다.
I can't hear you. 잘 안 들리네요. (전화 통화 중에)

Can you lend me some money? 돈 좀 빌려 줄 수 있어요?
Can I have a cup of coffee? 커피 한 잔 주세요.

Can I get you some water? 물 좀 드릴까요?
Could I borrow this book? 이 책 빌려 가도 될까요?
You can use my car. 내 차 써도 돼요.

이보영의 ★ Point

1 조동사 can은 '~할 수 있다'를 표현하고 싶을 때 동반한다.
I can make pizza.

2 can은 부탁, 요청의 의미도 있다. could를 쓰면 정중한 표현이 된다.
Can you do me a favor? / Could you do me a favor?

3 누군가에게 제안하거나 허가할 때도 can을 쓴다.
Can I help you?

---

1 can은 '능력' 또는 '가능성'을 나타내는 조동사로 주로 '~할 수 있다'라고 해석하죠. 과거형은 could입니다. can이나 could 모두 뒤에 동사원형이 옵니다. 부정은 뒤에 not을 붙이면 되는데, 축약된 모양으로 많이 씁니다. cannot은 can't, could not은 couldn't가 되죠.

2 조동사 can은 '~할 수 있다'라는 대표적인 뜻 외에 일반 의문문에 쓰면 '부탁'과 '요청'을 나타내기도 합니다. 이때 과거 형태인 could를 쓰면 좀 더 정중한 표현이 되지요.

3 can은 또한 뭔가를 제안할 때, 혹은 상대의 허락을 구할 때 쓰기도 합니다. 그리고 일반적으로 can은 may와 같은 의미로 쓰이는 경우가 많다는 점 알아 두시기 바랍니다.

1 조동사 can은 '~할 수 있다'를 표현하고 싶을 때 동반한다.
이를 '능력'이나 '가능성'을 나타내는 can이라 한다.

I can make pizza. 나는 피자를 만들 수 있다.

She can play the piano. 그녀는 피아노를 칠 줄 안다.

I can see you tomorrow. 내일 널 만날 수 있을 거야.

can의 과거형 could는 감각을 나타내는 동사(see, hear, feel, taste, smell 등) 또는 understand, remember 등과 함께 자주 쓰여 '~할 수 있었다'로 해석한다.

I could hear a strange sound from the ceiling.
천장에서 이상한 소리를 들을 수 있었다.

• '소리가 들렸다'라고 하는 것이 더 자연스럽다.

He didn't recognize me, but I could remember him. 그는 나를 알아보지 못했지만 나는 그를 기억할 수 있었다.

can의 부정형은 can't 또는 cannot이다.

I am afraid I can't have dinner with you tonight. 오늘 저녁에 당신과 함께 식사하지 못할 것 같군요.

2 can은 부탁, 요청의 의미도 있다. could를 쓰면 정중한 표현이 된다.
부탁을 나타내는 can의 쓰임을 살펴보자.

Can you do me a favor? 내 부탁 하나 들어 줄래?

Could you do me a favor? 제 부탁 하나 들어 주실래요?
= Would you do me a favor?

• could가 can보다 더 공손하고, 정중한 표현이다. will/would보다는 can/could가 더 일상적인 표현이라고 할 수 있다.

'~해 주세요'라는 요청을 나타내는 can의 쓰임을 살펴보자.

Can I have a cheeseburger, please?
= May I have a cheeseburger, please?
치즈버거 하나 주세요. (햄버거 가게에서)

• can과 may는 비슷한 의미나 can이 더 일상적인 표현이라 할 수 있다.

Could I have the pepper, please? 후추 좀 주시겠어요? (식당에서)

• could는 can보다 정중한 표현이다.

3 **누군가에게 제안하거나 허가할 때도 can을 쓴다.**
무엇인가를 제안할 때 can을 쓸 수 있다.

Can(May) I help you? 도와드릴까요?

Can I get you some candy? 사탕 좀 갖다드릴까요?

can에는 허락의 의미도 있다.

Can(May) I use your phone? 전화 좀 써도 될까요?
→ You can(may) use the phone. 전화 쓰세요.

• 'Can I ~' 대신 'Could I ~'를 쓰면 좀 더 공손한 표현이 된다. can과 may는 거의 같은 의미지만 can이 may보다 더 일상적인 표현이다.

한 발짝 더 ☐

Can과 be able to는 어떻게 다른가?
Can you speak English?
Are you able to speak English? 영어 할 줄 아세요?

• 뜻은 같지만 can이 더 일상적인 표현이다.

I was able to see him after the meeting yesterday.
나는 어제 회의가 끝난 후에 그를 만날 수 있었다.

I might be able to see you tomorrow.
난 내일 아마 널 만날 수 있을 거야.

• be able to는 be 동사를 변화시켜 모든 시제에 쓸 수 있으며 might be able to처럼 다른 조동사와 함께 쓸 수도 있다.

Can you speak ~? 또는 Do you speak ~?

Can you ~? 하면 상대의 능력을 노골적으로 묻는 것처럼 들려 실례가 될 수도 있다. 그러므로 Do you ~ ?라고 묻는 것이 더 좋다.

Can you speak English? 영어 할 줄 아세요?

• 영어로 말할 수 있는 능력을 묻는 표현

Do you speak English? 영어 하시나요?

• 영어를 쓰는지 묻는 표현

2 may와 might의 여러 가지 쓰임

MP3 강의 ▶ ▶ ▶

She may be a real princess. 그녀는 진짜 공주일지도 모른다.

He may come back tomorrow. 그는 내일 돌아올지도 모른다.

I might be working this weekend.
나는 이번 주말에 일을 하고 있을지도 모른다.

May I use your phone? 전화 좀 써도 될까요?

May you succeed! 성공을 기원합니다!

이보영의 ★ Point

1 조동사 may에는 '추측'의 의미가 있다.
   She may(might) be in her office.
2 may는 '~해도 된다'는 '허가'의 의미가 있다.
   You may use my car.
3 may는 문장 맨 앞에 쓰여 기원이나 소망을 나타내기도 한다.
   May you live long!

1   조동사 may는 어떤 가능성에 대해 표현하고 싶을 때나 앞으로 일어날 수 있는 동작이나 상황에 대해 표현하고 싶을 때 사용합니다. 과거형으로는 might가 있는데, 특별한 경우를 제외하고는 may와 거의 같은 뜻으로 쓰죠.

2   may는 누군가에게 '~해도 된다'는 허가를 나타냅니다. can도 같은 의미로 쓰는데, may를 쓰면 can보다 좀 더 격식을 차린 표현이 됩니다. 이런 뉘앙스 차이는 외우기보다는 많이 써봄으로써 느끼게 됩니다.

3   may는 또한 기원이나 소망을 나타낼 때 쓰기도 합니다. 이때 may는 문장 맨 앞, 즉 주어 앞에 온다는 것을 기억해야 합니다. 한두 예문만 정확히 입에 붙여 두세요.

1 조동사 may에는 '추측' 의 의미가 있다.

Perhaps의 의미 정도로 이해하면 됩니다.

She may(might) be in her office.
= Perhaps she is in her office.
그녀는 자기 사무실에 있을지도 모른다. (그녀는 아마 자기 사무실에 있을 것이다.)

He may(might) know the truth.
= Perhaps he knows the truth.
그가 진실을 알고 있을지도 모른다. (그는 아마 진실을 알 것이다.)

부정할 때는 'may(might) + 부정어' 즉 may not이 된다.

He may not come tomorrow.
그는 아마 내일 안 올 것이다.

The news may not be true.
그 소식은 사실이 아닐 수도 있다.

미래를 추측하는 경우도 있다.

It may(might) rain tonight.
= Perhaps it will rain tonight.
오늘 밤에 비가 올지도 모른다.

I may(might) go to Jeju Island this weekend.
= Perhaps I will go to Jeju Island this weekend.
나는 이번 주말에 제주도에 갈지도 모른다.

may는 진행 시제에도 쓸 수 있다.

He may be doing his homework.
그는 아마 숙제를 하고 있을 것이다.

They may be having dinner now.
그들은 지금 어쩌면 저녁을 먹고 있을 것이다.

2 may는 '~해도 된다' 는 '허가' 의 의미가 있다.

You may use my car. 내 차를 써도 좋아.

You may go outside after lunch.
점심 후에 나가도 된다.

May(Might) I smoke here?
여기서 담배 피워도 될까요?

- Might I ~ 하면 좀 더 정중한 표현이다. 대답으론 Yes, you may.(네, 그러세요.) 또는 No, you may not.(= No, you cannot. 안 됩니다.) 이 된다. No, you must not.도 '안 됩니다' 란 뜻이지만 '강한 금지' 를 나타낸다.

3 may는 문장 맨 앞에 쓰여 기원이나 소망을 나타내기도 한다.

기원이나 소망을 나타낼 때의 어순은 'May + 주어 + 동사' 다.

May you live long!
장수를 기원합니다!

May God bless you!
신의 축복을 기원합니다!

- 이런 표현은 격식을 차린 표현으로 일상적으로 많이 쓰지는 않는다.

1 보기의 동사 가운데 하나를 골라 can 또는 can't를 넣어 문장을 완성하세요. (의미상 가장 적당한 단어를 선택하세요.)

> come, hear, see, have, read

1. <u>Can</u> I <u>have</u> a cup of coffee?
2. I'm afraid I _____ to your party next Saturday.
3. Could you speak more loudly? I _____ you.
4. My daughter is only 3 years old, but she _____ a book.
5. I _____ anything. Turn on the light.

2 can (not) 또는 could (not), may (not) 또는 might (not)를 넣어 문장을 완성하세요.

1. "Wow, this building is very tall."
   "Yeah, you <u>can</u> see the whole town from the top of the building."
2. He doesn't like parties. He _____ come to the party tomorrow.
3. I am afraid I _____ meet you tonight.
4. I met her at the hall this morning. She _____ be in her office now.
5. It was too dark in the street, but I _____ feel someone looking at me.
6. I have many things to do. I _____ be working this weekend.
7. _____ you give me a ride to the airport?
8. "Do you know what happened to Jack?"
   "No, I don't. But Mary _____ know."
9. I was ill in bed yesterday, so I _____ eat anything.
10. "Where's she?"
    "I'm not sure. She _____ be having lunch."

3 could (not) 또는 be (not) able to를 넣어 문장을 완성하세요.

1. Jane got injured in a car accident, so she <u>couldn't / wasn't able to</u> go to work.

2. He _____ realize his dream because he didn't give up.

3. She began to learn English at an early age, so she _____ speak English very well.

4. I lost my cell phone yesterday, but I _____ remember where I lost it.

5. The police arrived too late, so the robber _____ get away.

6. There was a fire in my house last night, but we _____ escape by the help of the fire fighters.

7. My baby kept crying all night, so I _____ sleep last night.

8. I looked everywhere for that kind of jacket, but I _____ find one.

9. She _____ get there on time because she took the subway.

10. She _____ walk for a month because she hurt her foot.

정답 및 해설

1 1. Can/have 2. can't come 3. can't hear 4. can read 5. can't see

1. 커피 한 잔 주시겠어요? 2. 난 다음 주 토요일에 네 파티에 못 갈 것 같아. 3. 좀 더 크게 말씀해 주시겠어요? 잘 안 들리거든요. 4. 우리 딸은 겨우 세 살이지만 책을 읽을 줄 안다. 5. 아무것도 안 보여. 불 좀 켜봐.

2 1. can 2. may not(might not) 3. can't 4. may(might) 5. could 6. may(might)
   7. Can(Could) 8. may(might) 9. couldn't 10. may(might)

1. "와, 이 건물 정말 높다." → "그래. 그 건물 꼭대기에서는 시내 전체를 볼 수 있어." 2. 그는 파티를 좋아하지 않아. 그는 어쩌면 내일 파티에 안 올지도 몰라. 3. 미안하지만 오늘 밤 널 만날 수 없을 거 같아. 4. 오늘 아침에 복도에서 그녀를 봤어. 지금 아마 자기 사무실에 있을 거야. 5. 길이 너무나 어두웠지만 나는 누군가 나를 보고 있다는 걸 느낄 수 있었다. 6. 난 할 일이 너무 많아. 이번 주말에 어쩌면 일을 하게 될지도 몰라. 7. 날 공항까지 좀 태워 줄래요? 8. "잭한테 무슨 일이 있었는지 아세요?" → "아뇨, 모르겠는데요. 하지만 메리가 어쩌면 알 거예요." 9. 난 어제 아파 누워 있었다. 그래서 아무것도 먹지 못했다. 10. "그녀는 어디에 있지?" → "잘 모르겠어요. 아마 점심 먹고 있을 거예요."

3 1. couldn't(wasn't able to) 2. could(was able to) 3. could(was able to)
   4. couldn't(wasn't able to) 5. was able to 6. were able to 7. couldn't(wasn't able to)
   8. couldn't(wasn't able to) 9. could(was able to) 10. couldn't(wasn't able to)

1. 제인은 차 사고로 부상을 당했다. 그래서 그녀는 일을 하러 갈 수가 없었다. 2. 그는 포기하지 않았기 때문에 그의 꿈을 실현할 수 있었다. 3. 그녀는 이른 나이에 영어를 배우기 시작했다. 그래서 그녀는 영어를 잘할 수 있었다. 4. 나는 어제 휴대폰을 잃어버렸다. 그러나 어디서 잃어버렸는지 기억할 수가 없었다. 5. 경찰은 너무 늦게 도착했다. 그래서 강도가 도망칠 수 있었다. 6. 어젯밤에 우리 집에서 불이 났다. 그러나 우리는 소방관들의 도움으로 빠져나올 수 있었다. 7. 우리 아기가 밤새도록 울었다. 그래서 나는 지난밤에 잠을 잘 수가 없었다. 8. 나는 그런 종류의 재킷을 사려고 모든 곳을 둘러보았다. 그러나 찾을 수가 없었다. 9. 그녀는 전철을 탔기 때문에 거기에 제때 도착할 수 있었다. 10. 그녀는 발을 다쳐서 한 달 동안 걸을 수가 없었다.

1 must와 have to의 여러 가지 쓰임

MP3 강의 CD 12

You must go now. 너는 지금 가야 해.

You must see her. 넌 그녀를 만나 봐야 해.

We have to be quiet in the library.
도서관에서는 조용히 해야 한다.

He had to go to the hospital. 그는 병원에 가야 했다.

It must be true. 그건 사실임에 틀림없다.

이보영의 ★ Point

1 must는 동사 앞에 쓰여 '~해야 한다'를 표현한다.
You must go to bed.

2 have to도 must와 같은 의미로 주로 쓴다.
We must(have to) be honest with our friends.

3 must는 '~임에 틀림없다'란 '강한 추측'도 나타낸다.
He must be a secret agent.

1 조동사 must는 '~해야 한다'란 뜻을 표현하고 싶을 때 등장하죠. '필요' 또는 '의무'의 must라고들 하지요. must는 다른 조동사와 다르게 과거 형태를 가지고 있지 않기 때문에 과거의 일에 대해서는 쓸 수가 없습니다.

2 조동사로 쓰는 have to는 must와 같은 뜻으로 둘 중 어떤 것을 쓰든 상관이 없습니다. 그래도 약간의 의미 차이가 있으므로 예문을 통해 익혀 두세요. have to는 주어와 시제에 따라 모양이 변한다는 것에 주의해야 합니다.

3 must는 '강한 추측'을 나타내는데, 흔히 '~임에 틀림없다'라고 해석하죠. may도 추측을 나타내지만 이 must는 훨씬 더 확신에 차 있을 때 쓴다는 점이 다릅니다. may는 '~일지도 모른다' 정도로 이해하면 좋습니다.

1 must는 동사 앞에 쓰여 '~해야 한다' 를 표현한다.

You must go to bed.
넌 자러 가야 한다.

You must finish the report today.
당신은 오늘 그 보고서를 꼭 끝내야 합니다.

You must come to my party.
내 파티에 꼭 와야 해.

We must do it now.
우리는 지금 그걸 해야 한다.

We must do it tomorrow.
우리는 내일 그걸 해야 한다.

> • must는 '현재' 또는 '미래' 의 일에 대해서만 쓸 수 있다. 예를 들어, We must do it yesterday.는 틀린 문장이 된다.

2 have to도 must와 같은 의미로 주로 쓴다.

have to와 must는 같은 의미로 주로 쓰지만 약간의 의미 차이가 있다. must는 말하는 이의 감정이 담겨 있는 경우에 많이 쓴다.

It's 5 o'clock already. I must(have to) go.
벌써 5시군. 그만 가야겠어.

We must(have to) be honest with our friends.
우리는 친구에게 정직해야 한다.

It's too late. You must go to bed.
너무 늦었구나. 넌 자러 가야 한다.

You must finish the report today. We need it tomorrow.
당신은 오늘 그 보고서를 꼭 끝내야 합니다. 내일 그게 필요하거든요.

You must come to my party. It will be fun.
내 파티에 꼭 와야 해. 정말 재미있을 거야.

개인의 감정이 담기지 않은 일반적인 사실이나 필요, 의무 등을 나타낼 경우에는 have to를 주로 쓴다.

You have to slow down here.
여기서 속도를 줄여야 합니다.

He can't come to the party. He has to work.
그는 파티에 못 와. 일을 해야 하거든.

We have to go in the theater now. The movie is starting soon.
지금 극장에 들어가야 해. 영화가 곧 시작하니까.

have to는 주어에 따라 변화하며 모든 시제에 대해서 쓸 수 있다.

I have to return that book.
나는 그 책을 돌려줘야 한다.

I had to return that book.
나는 그 책을 돌려줘야 했다.

He has to return that book.
그는 그 책을 돌려줘야 한다.

3 must는 '~임에 틀림없다' 란 '강한 추측' 도 나타낸다.

He must be a secret agent.
그는 비밀요원이 틀림없어.

It must be raining outside.
밖에 틀림없이 비가 오고 있을 거야.

'must + have + 과거분사' 모양으로 쓰면 '~이었음에(했음에) 틀림없다' 즉 '과거에 대한 강한 추측' 을 나타낸다.

He must have taken my book.
그가 내 책을 가져간 게 틀림없어.

She must have studied all night.
그녀는 밤새 공부한 게 틀림없다.

2 부정하면 뜻이 달라지는 must와 have to

We mustn't smoke in the office.
사무실에서는 담배를 피우면 안 된다.

You needn't read all these books.
넌 이 모든 책을 다 읽을 필요는 없다.

She doesn't have to come here.
그녀가 이곳에 와야 할 필요는 없다.

We didn't have to buy a new car. 우리는 새 차를 살 필요가 없었다.

He can't be angry with me. 그가 나에게 화가 났을 리가 없다.

이보영의 ★ Point

1 의무의 부정은 must not, 필요의 부정은 need not이 된다.
We mustn't run here. / You needn't go now.

2 have to의 부정은 don't have to인데, 뜻은 need not이 된다.
You don't have to do it now.

3 추측의 부정은 'can't 동사원형'이 된다.
It can't be true.

1 must가 '~해야만 한다' 라는 의무를 나타내므로, must not은 '~해서는 안 된다' 라는 뜻이 되죠. 그리고 필요의 부정, 즉 '~할 필요가 없다' 라는 의미를 나타내려면 'need not 동사원형'으로 씁니다.

2 have to를 부정하려면 조동사 do가 앞에 와서 'don't have to' 라고 씁니다. 뜻에 주의해야죠. 'don't have to'는 '~해서는 안 된다' 가 아니라 need not 즉, '~할 필요가 없다' 란 의미가 됩니다.

3 '~임에 틀림없다' 는 강한 추측의 must를 부정하면 우리말로 '~일 리가 없다' 가 되겠지요. 그러나 이런 의미일 때는 must not을 쓰지 않고, 'can't 동사원형' 으로 나타낸다는 점 기억해 두세요.

1 의무의 부정은 must not, 필요의 부정은 need not이 된다.

'must not(mustn't) + 동사원형'은 '~해서는 안 된다'란 뜻이다.

We mustn't run here. 여기서는 뛰면 안 된다.

You mustn't say such a thing. 그런 말을 해서는 안 된다.

You must not tell him about that.
그에게 그것에 대한 말을 해서는 안 된다.

We must not eat anything here.
여기서는 아무것도 먹으면 안 된다.

'~할 필요가 없다'는 'need not(needn't) + 동사원형'을 쓴다.

You needn't go now. (네가 원하지 않는다면) 지금 갈 필요는 없다.

We needn't explain it to him.
우리가 그에게 그것을 **설명할 필요는 없다.**

We need not work tomorrow. 우리는 내일 일을 할 필요가 없다.

You need not return the book today.
오늘 책을 돌려줘야 할 필요는 없다.

2 have to의 부정은 don't have to인데, 뜻은 need not이 된다.

'don't have to + 동사원형' 하면 '~할 필요가 없다(= need not)'의 뜻이 된다.

You don't have to do it now. 지금 그걸 할 필요는 없다.

He doesn't have to come today. 그는 오늘 올 필요가 없다.

We don't have to take a taxi. 택시를 탈 필요는 없다.

You didn't have to go there. 넌 거기 갈 필요가 없었다.

You don't have to apologize to her.
너는 그녀에게 사과할 필요가 없어.

You didn't have to apologize to her.
너는 그녀에게 사과할 필요가 없었어.

Do I have to apologize to her?
내가 그녀에게 사과를 해야 할까?

• 의문문에도 do 조동사를 사용한다.

3 추측의 부정은 'can't 동사원형' 이 된다.

'~일(할) 리가 없다' 를 표현하고 싶으면, 'can't 동사원형' 을 쓴다.

It must be true. 그것이 사실임에 틀림없다.

It can't be true. 그것은 사실일 리가 없다.

He is working all day. He must be tired now.
그는 하루종일 일을 하고 있다. 그는 지금 틀림없이 피곤할 것이다.

He slept all day. He can't be tired now.
그는 하루종일 잤다. 그는 지금 피곤할 리가 없다.

'can't have 과거분사' 는 '~이었을(했을) 리가 없다' 란 뜻이다.

I don't trust him. He must have lied to you.
나는 그를 믿지 않아. 그가 너에게 거짓말을 한 게 분명해.

He is an honest man. He can't have lied to you.
그는 정직한 사람이야. 그가 너에게 거짓말을 했을 리가 없어.

한 발짝 더 ☐

조동사 need의 쓰임

need는 부정문과 의문문에서는 조동사로 쓰이므로 뒤에 동사원형이 따라온다.

You needn't go there.
너는 거기에 갈 필요가 없다.

Need I go there?
내가 거기 가야 할까요?

그러나 긍정문에서는 본동사로 쓰며 to 부정사가 따라온다.

You need to go there.
너는 거기 갈 필요가 있다.

그러나 부정문과 의문문에서도 본동사로 쓸 수가 있다. 이 경우에는 do 조동사의 도움
이 필요하다.

You needn't go there. → You don't need to go there.

Need I go there? → Do I need to go there?

141

1 보기의 동사 가운데 의미상 가장 적당한 단어를 하나 고르고, must 또는 have to를 붙여 문장을 완성하세요.

> be, work, read, come, finish, stop, walk, go, do, see

1. It's too late. I _must (have to) go_ now.

2. You have no time to lose. You _____ the report by today.

3. The street was jammed with the cars, so I _____ to my company.

4. You lost too much weight. You _____ dieting.

5. You _____ to my party. It will be fun.

6. That was a great movie. You _____ it.

7. I couldn't meet my friend yesterday because I _____ my homework.

8. You drive too fast. You _____ more careful when driving.

9. I couldn't go out with them because I _____ then.

10. You _____ the book before next class.

2 보기의 동사 가운데 하나를 고르고, mustn't 또는 don't have to를 붙여 문장을 완성하세요. (의미상 가장 적당한 단어를 선택하고 시제와 인칭에 주의하세요.)

> speak, get, do, go, run, pay, throw, wear, lose, tell

1. We have plenty of time, so we _don't have to do_ it now.

2. This is not a playground. You _____ in the classroom.

3. She _____ with us if she doesn't want to.

4. He _____ for the damage because it was not his fault.

5. You _____ anyone about that. It's a secret between just the two of us.

6. You _____ trash in the park.

7. You are in good shape. You _____ any weight.

8. You _____ so loudly here in the library.

9. Yesterday was Sunday, so I _____ up early in the morning.

10. It's a casual party. You _____ a dress.

3 보기에서 하나를 골라 괄호 안의 동사를 적절한 형태로 바꿔 문장을 완성하세요.

> must, must have, can't, can't have

1. I don't believe him. He (is) lying.   → He must be lying.

2. I can't find my keys. I (dropped) them somewhere.
   →

3. I haven't seen her these days. She (is) ill.
   →

4. She has never met him before. She (doesn't know) him.
   →

5. He's just gone out. He (didn't go) very far.
   →

6. She studied hard but failed to pass her exam. The exam (was) very difficult.
   →

7. Her story sounds unreal. It (is not) true.
   →

1 would rather (not) + 동사원형 ~ (than + 동사원형 ~)

('동사원형' 하느니) 차라리 '동사원형' 하는 게 좋다, '동사원형' 하고 싶다

It's raining. I would rather stay home.

비가 오니까 난 차라리 집에 있는 게 낫겠다.

> rather는 '차라리', '오히려' 등의 의미로서 would 조동사와 함께 쓴 이 표현은 주어의 희망 또는 기호를 나타낸다.

I'd rather see a movie than do nothing.

아무것도 안 하느니 차라리 영화를 보겠다.

I'd rather not see him than fight with him again.

그와 또 싸울 바에는 그를 안 만나는 것이 좋겠다.

2 had better (not) + 동사원형

'동사원형' 하는 게 더 좋다

You had better take an umbrella. It might rain.

우산을 가져가는 게 좋을 거야. 비가 올지도 몰라.

> have 조동사의 과거형 had와 better를 함께 써서 충고나 권유 또는 바람직한 일을 나타낸다.

We are late for the meeting. We'd better take a taxi.

회의에 늦었어. 택시를 타는 게 좋겠다.

He looks angry. You'd better not talk to him now.

그 사람 화가 난 거 같아. 지금은 말을 안 하는 게 좋을 거야.

It's getting dark. We'd better go home.

날이 어두워지고 있어. 집에 가는 게 좋겠다.

3 may(might) well + 동사원형

'동사원형' 하는 것이 당연하다

You broke your promise. She might well be angry with you.

너는 약속을 깼다. 그녀가 너에게 화를 내는 것도 당연하다.

'~하는 것이 당연하다' 라는 뜻의 이 표현에서 may나 might 모두 현재에 대해 쓸 수 있는데, might를 쓰면 좀 더 공손한 표현이 된다. might는 또한 과거에 '~하는 것이 당연했다' 는 의미를 나타내기도 한다.

His son became a scientist. He may well be proud of his son.

그의 아들은 과학자가 되었다. 그가 자신의 아들을 자랑스러워하는 것은 당연하다.

He is a cheater. We might well hate him.

그는 사기꾼이다. 우리가 그를 싫어하는 것도 당연하다.

She may well believe what you said.

그녀가 네가 한 말을 믿는 것도 당연하다.

4 may(might) as well + 동사원형

'동사원형' 하는 것이 좋겠다

It's too late. You might as well go to bed.

너무 늦었구나. 넌 그만 자러 가는 게 좋겠다.

had better보다 완곡한 표현으로 '~하는 게 좋겠다' 또는 '~해라' 라는 온건한 명령의 뜻으로 쓴다.

We may as well go by subway. It's the fastest way to get there.

우린 지하철로 가는 게 좋겠어. 그게 거기에 가는 가장 빠른 길이야.

The streets are jammed with cars. We might as well walk.

길이 차로 꽉 막혀 있어. 그냥 걷는 게 좋겠다.

You may as well leave now.

넌 지금 떠나는 게 좋겠다.

5 so that + 주어 + can(may, will 등) + 동사원형

'동사원형' 하기 위하여, '동사원형' 할 수 있도록

Please speak a little louder so that we can hear you.

우리가 들을 수 있게 좀 더 크게 말해 주세요.

이 표현은 '~하기 위하여'나, '~할 수 있도록' 이라는 뜻의 목적을 나타낸다.

She is saving money so that she can buy a new car.
그녀는 새 차를 사기 위해서 돈을 모으고 있다.

Turn the radio down so that I can read the newspaper.
신문 좀 읽게 라디오 소리 좀 줄여 줘요.

6 can't + 동사원형 ~ without -ing

-ing함이 없이는 '동사원형' 할 수 없다

I can't hear this song without thinking of him.

나는 이 노래를 들으면 꼭 그 사람 생각이 난다.

여기서 without은 '~이 없이'라는 뜻의 전치사로 이 표현을 직역하면 '-ing함이 없이는 ~할 수 없다' 즉 '~할 때마다 -ing한다' 라는 뜻이다.

We can't buy anything without worrying about the budget.
우리는 무엇을 사든 예산 걱정을 하지 않을 수가 없다.

I can't see that movie without shedding tears.
저 영화를 볼 때마다 나는 눈물이 난다.

7 as + 형용사 + as can be
너무 '형용사' 하다, 더할 나위 없이 '형용사' 하다

I'm as tired as can be.
나는 너무 지쳤다.

> as~ as can be는 '너무 ~하다' 라는 뜻으로 'as~ as 주어 can be'의 주어가 생략된 것으로 볼 수 있다. 즉, as tired as I can be, '내가 지칠 수 있는 만큼까지 지쳤다' 라는 뜻이다.

He looks as happy as can be.
그는 더할 나위 없이 행복해 보인다.

I am as sober as can be.
나는 정신이 아주 멀쩡하다.

She looks as sad as can be.
그녀는 너무나 슬퍼 보인다.

8 can't + be + too + 형용사
아무리 '형용사' 해도 지나치지 않다, 아주 '형용사' 해야 한다

We can't be too cautious when driving.
운전할 때는 아무리 조심해도 지나치지 않다(아주 조심해야 한다).

> too는 '지나치게', '너무' 라는 뜻으로 can't와 함께 써서 '아무리 ~해도 지나치지 않다' 또는 '아주 ~해야 한다', '정말 ~하다' 라는 뜻으로 쓴다.

I can't be too grateful for your help.
당신의 도움에 정말 감사해요.

We can't be too careful of our health.
건강에 대해서는 아무리 조심해도 지나치지 않다.

부정사, 동명사, 분사

품사가 하나의 역할만을 하면 얼마나 좋겠습니까?
하지만 하나의 품사가 다른 역할로 탈바꿈하거나
동시에 두 가지 역할을 하기도 하죠.
동사인데 명사 · 형용사 · 부사 역할을 한다든가(부정사),
동사와 명사 역할을 동시에 한다든가(동명사),
동사의 −ing, −ed 형태가 형용사 역할을 한다든가(분사) …
조금 어려운 듯하지만 개념부터 다시 이해하면
배운 만큼 아주 알차게 써먹을 수 있습니다.

Lecture 5

GROUP
13

1 부정사는 명사 · 형용사 · 부사로 쓴다

MP3 강의 CD 13

I don't like to eat meat. 나는 고기 먹는 것을 좋아하지 않는다.

I have nothing to eat. 나는 먹을 것이 없다.

He came to eat dinner with me. 그는 나와 저녁을 먹기 위해 왔다.

이보영의 ★ Point

1 부정사는 문장 안에서 역할이 달라진다.
I don't like to eat meat. / I have nothing to eat.

2 to 있는 부정사는 'to+동사원형'의 모양을 하고 있다.
I want to buy something for you.

3 명사처럼 주어 · 목적어 · 보어 역할을 한다.
To learn English is not very difficult.(주어)

4 형용사처럼 명사를 꾸며 주는 역할을 한다.
There are many things to see here.

5 부사처럼 쓰는 부정사도 있다.
He came to see me.

1 부정사(不定詞)란 동사의 한 형태로서 우리가 흔히 말하는 '동사원형'의 모양입니다. 이 부정사는 문장 안에서 여러 가지 역할을 합니다.

2 영어의 부정사에는 두 가지가 있는데 우선 'to 있는 부정사' 즉, 'to+동사원형'의 형태로 to go, to see, to eat 등이 있습니다.

3 to 부정사의 역할을 살펴보면, 우선 명사처럼 문장 안에서 주어도 되고, 목적어도 되고, 보어도 될 수 있습니다.

4 그런가 하면 형용사처럼 명사를 꾸며 주기도 합니다. something to eat, things to do에서 쓰인 것처럼 말이죠. 그러나 형용사적 용법의 부정사는 beautiful girl의 형용사 beautiful과는 달리 명사 뒤에 온다는 점에 주의하셔야 합니다.

5 부사는 원래 문장 안에서의 역할이 다양하죠. 부사적 용법의 부정사는 부사의 역할 중에서 주로 '~하기 위해' (목적), '~해서, ~하니' (원인), '~해서 ~가 되다' (결과)란 의미로 주로 씁니다.

1 부정사는 문장 안에서 역할이 달라진다.

처음부터 역할이 정해진 것이 아니라 문장에 따라 역할이 달라진다. 똑같은
모양의 부정사도 다음처럼 역할이 다르다.

I don't like to eat meat. 나는 고기 먹는 것을(육식을) 좋아하지 않는다.

- to eat이 명사로 쓰였다. 문장 안에서 목적어 역할을 한다.

I have nothing to eat. 나는 먹을 것이 아무것도 없다.

- to eat이 형용사로 쓰여 nothing을 꾸며 준다.

2 to 있는 부정사는 'to + 동사원형'의 모양을 하고 있다.

I want to buy something for you. 너에게 뭔가를 사주고 싶어.

- to와 동사원형이 결합하여 부정사로 쓰였다. (명사 역할)

I go to school every day. 나는 매일 학교에 다닌다.

- 여기서의 to는 명사 school로 향한 방향을 나타내는 전치사다.

3 명사처럼 주어 · 목적어 · 보어 역할을 한다.

To learn English is not very difficult.
= It is not very difficult to learn English.

영어를 배우는 것이 그리 어렵지는 않다.

- to learn은 '배우는 것'이란 뜻으로 풀이되며 주어로 쓰였다. 그러나 이 경
우 가짜 주어 It이 주로 쓰이며, 주어로 쓰인 to 부정사는 뒤에 써준다.

I want to see a movie tonight.

나는 오늘 밤에 영화 보기를 원한다(영화를 보고 싶다).

- 직역하면 '나는 오늘 밤에 영화 보기를 원한다.' to see는 '보기를'이란 뜻
으로 풀이되며 목적어 역할을 한다.

I want you to work with us. 나는 네가 우리와 함께 일하길 원한다.

- to work는 목적어인 you를 보충하는 목적 보어로 쓰였다.

4 형용사처럼 명사를 꾸며 주는 역할을 한다.

There are many things to see here. 여기는 볼 것이 많다.

- to see는 many things를 꾸며 주는 형용사 역할을 한다. 명사 뒤에 온
다는 사실을 기억하자.

I have something to give you. 난 너한테 줄 것이 있어.

- to give는 something을 꾸며 주는 형용사 역할을 한다.

5 부사처럼 쓰는 부정사도 있다.

He came to see me. 그는 나를 보기 위해 왔다.

- '~하기 위해' 란 의미로 목적을 뜻한다.

I'm very glad to see you again. 너를 다시 만나니 정말 기뻐.

- '~하니(~하다)' 란 뜻으로 원인을 나타낸다.

He grew up to be a millionaire. 그는 커서 백만장자가 되었다.

- '~가 되다' 의 의미로 '결과' 를 의미한다.

한 발짝 더 ☐

부정사를 부정하기

부정사를 부정할 때 부정어(not 또는 never)가 to 부정사 앞에 온다.

I decided not to go there.
나는 거기에 가지 않기로 했다.

I tried not to mess up the room.
나는 방을 어지르지 않으려고 노력했다.

He promised never to smoke again.
그는 다시는 담배를 피우지 않겠다고 약속했다.

의문사와 to 부정사가 합쳐지면?

'의문사 + to 부정사' 는 전체가 명사 역할을 한다. to 부정사만 따로 떼어 보면 앞의 의문사를 꾸며 주는 형용사 역할을 한다. '의문사 + to 부정사' 를 통째로 명사 역할을 하는 것으로 기억해 두는 게 좋다.

I don't know how to drive.
나는 운전하는 방법을 모른다. (나는 운전할 줄 모른다.)

She didn't know what to do.
그녀는 해야 할 일을 몰랐다. (그녀는 어찌해야 할지 몰랐다.)

He asked me when to start.
그는 내게 출발해야 하는 때를 물었다. (그는 내게 언제 출발해야 하는지 물었다.)

2 to 없이 쓰는 부정사도 있다

MP3 강의 ▶ ▶ ▶

I saw him cross the street. 나는 그가 길을 건너가는 것을 보았다.
I heard her play the piano. 나는 그녀가 피아노 치는 것을 들었다.

I made him do it. 나는 그에게 그 일을 하도록 시켰다.
I will let you know the result tomorrow.
내일 결과를 알려드릴게요.

이보영의 ★ Point

1 원형부정사란 to 없이 '동사원형'의 모양으로 쓰인다.
   I saw her eat something.
2 지각동사의 목적어를 보충한다.
   I saw him sleep.
3 사역동사의 목적어를 보충한다.
   What makes you think so?

1 영어의 부정사에는 두 가지가 있다고 했는데 나머지 하나는 바로 'to
   없는 부정사' 즉, '동사원형' 형태로 쓰는 것입니다. 이를 흔히 '원형부
   정사'라고 부릅니다. 이 원형부정사는 쓰일 때가 따로 있으므로 to 부
   정사와 함부로 바꿔 쓸 수 없다는 점을 꼭 기억해두세요. 시험에도 자주
   나오는 대목이지요.

2 지각동사란 '보다(see), 듣다(hear), 느끼다(feel)' 등의 동사를 말합
   니다. 지각동사는 '주어+지각동사+목적어(사람)+목적 보어' 형식으
   로 자주 쓰는데, 목적 보어 자리에 원형부정사가 오지요. 이 원형부정사
   는 목적어의 행위를 나타냅니다. 이렇게 원형부정사는 지각동사를 꼭
   따라다닙니다.

3 사역동사란 '사역'의 의미에서 짐작할 수 있듯이 다른 사람에게 어떤
   일을 시켜서 하게 만든다는 의미의 동사입니다. 이러한 동사에는
   make, have, let이 있는데, 원형부정사는 이런 사역동사 뒤에도 따라
   다녀 목적어의 행위를 나타냅니다. 뜻은 '(목적어인 ~가) ~하도록'이
   됩니다.

1 원형부정사란 to 없이 '동사원형'의 모양으로 쓴다.

She wants to go there.
She wants go there. (×)
그녀는 그곳에 가기를 원한다. (=그녀는 그곳에 가고 싶어한다.)

- '그녀는 그곳에 가기를 원한다.' 란 뜻으로 to go는 목적어로 쓰였다. 이럴 때 to 없이 go만 쓰면 틀린 표현이다.

I saw her eat something.
I saw her to eat something. (×)
나는 그녀가 무언가 먹는 것을 보았다.

- see라는 지각 동사 뒤엔 원형부정사가 와야 한다. to 부정사가 오면 틀린 문장이다.

2 지각동사의 목적어를 보충한다.

I saw him sleep.
나는 그가 자는 것을 보았다.

I heard her sing.
나는 그녀가 노래하는 것을 들었다.

I listened to my parents talk.
나는 부모님이 말씀하시는 것을 유심히 들었다.

I felt something crawl on my back.
나는 뭔가가 등에 기어가는 것을 느꼈다.

- 원형부정사 sleep, sing, talk, crawl은 목적어(him, her, my parents, something)의 행동을 설명한다.

3 사역동사의 목적어를 보충한다.

What makes you think so? 왜 그렇게 생각하세요?

- '무엇이 네가 그렇게 생각하도록 만든 거니?' 란 뜻. 목적어인 you가 그렇게 think하도록 만든다는 의미다.

I had my daughter get married. 나는 딸을 시집 보냈다.

- '나는 내 딸이 결혼하게 만들었다.' 란 뜻. 목적어인 my daughter가 get married(결혼)하도록 만든다, 시킨다는 의미다.

They let me go. 그들은 나를 보내 주었다.

- 목적어인 me가 go하도록 허락한다는 뜻이다.

'to 부정사' 다음에 전치사 붙이기

명사를 꾸며 주는 'to 부정사' 다음에 반드시 어떤 전치사가 함께 있어야만 의미가 통하는 경우가 있다.

I have no friend to talk with.
나는 얘기를 나눌 친구가 없다.

- talk a friend (×) / talk with a friend (○) '~와 얘기를 나누다' 이므로 with가 있어야 한다.

We have no chair to sit on.
앉을 만한 의자가 없군요.

- sit the chair (×) / sit on the chair (○) '~위에 앉다' 이므로 on이 있어야 한다.

I have nothing to write.
나는 쓸 것(내용, 소재)이 없다.

- write something 전치사가 필요없다.

I have nothing to write on.
나는 쓸 것(종이)이 없다.

- write on the paper '종이 위에 쓰다' 이므로 on이 있어야 한다.

I have nothing to write with.
나는 쓸 것(필기도구)이 없다.

- write with a pen '펜으로 쓰다' 이므로 with가 있어야 한다.

1 보기의 동사 가운데 하나를 골라 밑줄에 알맞은 부정사 모양으로 넣으세요. (의미상 가장 알맞은 단어를 선택하세요.)

> make, succeed, tell, take, get, have, see, drive, be, work

1. Do you have time? I have something <u>to tell</u> you.
2. I go to bed very late, so it's hard _____ up early in the morning.
3. He went to Seoul Station _____ a train.
4. I don't want _____ lunch today. I have no appetite.
5. He works very hard _____ in life.
6. I'm going to buy a car next year, so I'm learning how _____ these days.
7. There are many things _____ in Rome.
8. My parents wanted me _____ a pianist.
9. I'm happy _____ with you in the same company.
10. I like _____ food for my family.

2 보기의 동사 가운데 하나를 골라 밑줄에 알맞은 부정사 모양으로 넣으세요. (의미상 가장 알맞은 단어를 선택하세요.)

> seat, go, think, swim, do, know, enter, crash, practice, become

1. What made you <u>think</u> so?
2. Are you looking for him? I saw him _____ the library.
3. I'm afraid of water, so I don't like _____.
4. I will let you _____ out when you finish your homework.
5. I heard something _____ outside, so I went out to see what happened.
6. My mother made me _____ the piano every day.
7. If you have any questions, please let me _____.
8. My dream was _____ a teacher.
9. This stadium is big enough _____ 50,000 people.
10. I had him _____ my homework.

3 1~15번의 밑줄 처진 부정사가 어떤 쓰임인지 구분해서 아래 밑줄에 번호를 적으세요.

형용사로 쓰인 부정사는? 1, _____

명사로 쓰인 부정사는? _____

부사로 쓰인 부정사는? _____

---

1. I have many things <u>to do</u>.
2. He didn't want <u>to work</u> with us.
3. I am very glad <u>to see</u> you.
4. It is dangerous <u>to go</u> there alone.
5. My wish is <u>to travel</u> around the world.
6. I didn't have any intention <u>to offend</u> him.
7. He must be a fool <u>to believe</u> it.
8. I know how <u>to drive</u>.
9. He likes <u>to read</u> science fiction.
10. He works very hard <u>to be</u> rich.
11. English is not so difficult <u>to learn</u>.
12. I have something <u>to give</u> you.
13. I hope <u>to see</u> you soon.
14. I have no children <u>to take</u> care of.
15. She went to Paris <u>to study</u> art.

정답 및 해설

1 1. to tell 2. to get 3. to take 4. to have 5. to succeed 6. to drive 7. to see 8. to be 9. to work 10. to make

1. 시간 있니? 너한테 할 말이 있어. 2. 나는 아주 늦게 잠자리에 든다. 그래서 아침에 일찍 일어나기가 힘들다. 3. 그는 기차를 타러 서울역에 갔다. 4. 나는 오늘 점심을 먹고 싶지 않다. 식욕이 없다. 5. 그는 인생에서 성공하기 위해 아주 열심히 일한다. 6. 나는 내년에 차를 살 생각이다. 그래서 요즘 운전을 배우고 있다. 7. 로마에는 볼 게 많다. 8. 우리 부모님은 내가 피아니스트가 되기를 바라셨다. 9. 같은 회사에서 당신과 함께 일하게 돼서 기뻐요. 10. 나는 가족들을 위해 음식 만드는 걸 좋아한다.

2 1. think 2. enter 3. to swim 4. go 5. crash 6. practice 7. know 8. to become 9. to seat 10. do

1. 왜 그렇게 생각하세요? 2. 그를 찾고 있나요? 그가 도서관에 들어가는 걸 봤어요. 3. 저는 물을 무서워해요. 그래서 수영을 싫어하죠. 4. 숙제를 다 끝내면 밖에 나가게 해줄게. 5. 나는 밖에서 뭔가 충돌하는 소리를 들었다. 그래서 무슨 일인지 나가보았다. 6. 어머니는 제가 매일 피아노 연습을 하게 하셨어요. 7. 의문점이 있으면 연락 주세요. 8. 내 꿈은 선생님이 되는 것이었다. 9. 이 경기장은 5만 명을 수용할 정도로 크다. 10. 나는 그에게 내 숙제를 하게 했다.

3 형용사로 쓰인 부정사는? 1, 6, 8, 12, 14 명사로 쓰인 부정사는? 2, 4, 5, 9, 13 부사로 쓰인 부정사는? 3, 7, 10, 11, 15

1. 나는 할 일이 많다. 2. 그는 우리와 함께 일하길 원치 않았다. 3. 만나서 참 반가워요. 4. 거기에 혼자 가는 것은 위험하다. 5. 나의 희망은 세계를 일주하는 것이다. 6. 나는 그의 마음을 상하게 할 의도가 전혀 없었다. 7. 그런 말을 믿다니 그는 바보임에 틀림없다. 8. 나는 운전할 줄 안다. 9. 그는 공상과학 소설 읽는 것을 좋아한다. 10. 그는 부자가 되기 위해 아주 열심히 일한다. 11. 영어는 배우기에 그리 어렵지 않다. 12. 당신에게 줄 게 있어요. 13. 곧 만나 뵙기를 바랍니다. 14. 나는 돌봐야 할 아이들이 없다. 15. 그녀는 미술 공부를 하러 파리에 갔다.

1 동사와 명사의 성격을 동시에 가진 동명사

MP3 강의 CD 14

He likes swimming. 그는 수영하는 것을 좋아한다.
He is swimming in the sea. 그는 바다에서 수영을 하고 있다.

Taking a walk is good for your health.
산책하는 것은 건강에 좋다.

My hobby is taking walks. 내 취미는 산책하는 것이다.

I like taking walks. 나는 산책하는 것을 좋아한다.

이보영의 ★ Point

1 동명사는 동사면서 동시에 명사다.
My dream is becoming a teacher.
2 동명사는 주어로 쓰인다.
Learning English is not so difficult.
3 동명사는 보어로 쓰인다.
We call it gambling.
4 동명사는 목적어로 쓰인다.
I finished setting the table.

1 동명사는 동사원형에 –ing를 붙인 현재분사와 모양이 같지만 쓰임은 다릅니다. 동명사는 한마디로 '동사' 와 '명사' 의 성격을 동시에 가지는 형태라 할 수 있습니다. 뜻은 보통 '~하는 것' 이 됩니다.

2 동명사는 명사처럼 주어로 쓰임과 동시에 동사의 성격을 갖게 되죠. Taking walks is my hobby.에서처럼 Taking은 명사로 주어지만 동사처럼 walks라는 목적어를 갖기도 합니다.

3 보어에는 주어를 보충해 주는 주격 보어와 목적어를 보충해 주는 목적격 보어, 두 가지가 있었지요? 동명사는 명사적인 성격을 이용해 이런 보어의 역할도 한답니다.

4 명사의 또 한 가지 역할, 목적어를 기억하지요? 동명사는 명사처럼 동사의 목적어가 되는 동시에 동사의 성격을 이용해 <u>스스로 목적어를 갖</u>기도 하고 부사의 꾸밈을 받기도 합니다.

1 동명사는 동사면서 동시에 명사다.

I like swimming.

나는 수영하는 것을 좋아한다. (나는 수영을 좋아한다.)

- swimming은 '수영하다' 라는 동작을 나타내는 동시에 like의 목적어로 서 명사 역할을 한다.

My dream is becoming a teacher.

나의 꿈은 선생님이 되는 것이다.

- becoming은 '~가 되다' 라는 동작을 나타내는 동시에 is의 보어로서 명 사 역할을 한다.

The world is changing.

세상은 변하고 있다.

- 이 경우 changing은 -ing형태지만 '현재분사' 로서 진행 시제를 나타내 고 있다.

2 동명사는 주어로 쓰인다.

Learning English is not so difficult.

영어를 배우는 건 그리 어렵지 않다.

- learning은 명사로서 주어 역할을 하면서 동사처럼 목적어 English를 갖는다.

Playing cards is a lot of fun.

카드놀이는 아주 재미있다.

- 주어로 쓰인 동명사는 언제나 3인칭 단수이므로 be 동사가 올 경우 is를 써준다.

3 동명사는 보어로 쓰인다.

It is cheating.

그것은 사기다.

- cheating은 주어인 It에 대해 설명한다.

We call it gambling.

우리는 그걸 도박이라고 부른다.

- gambling은 목적어인 it을 설명한다.

4 동명사는 목적어로 쓰인다.

I finished setting the table.
나는 식탁 차리기를 끝마쳤다.

- setting은 finished의 목적어면서 동사처럼 the table이라는 목적어를 갖는다.

She started crying bitterly.
그녀는 엉엉 울기 시작했다.

- crying은 started의 목적어면서 동사처럼 bitterly라는 부사의 꾸밈을 받는다.

한 발짝 더 □

전치사의 목적어로도 쓰인다.
동명사는 전치사 뒤에 와서 목적어 역할을 할 수 있다.

Thank you for calling.
전화해 주셔서 감사합니다.

I am interested in teaching English.
나는 영어 가르치는 것에 관심이 있다.

- be interested in ~은 '~에 관심이 있다' 란 뜻. in의 목적어로 동명사 teaching이 왔다.

I am looking forward to seeing you soon.
곧 만나 뵙기를 바랍니다.

- look forward to ~은 '~을 기대하다' 란 뜻. to의 목적어로 동명사 seeing이 왔다.

How about having a drink tonight?
오늘 밤에 한잔 하는 거 어때?

- How(What) about ~?은 '~는 어때?' 란 뜻. about의 목적어로 having이 왔다.

GROUP
14

2 동명사와 부정사를 목적어로 갖는 동사들

MP3 강의 ▶ ▶ ▶

I enjoy playing computer games. (○)
나는 컴퓨터 게임 하는 걸 즐긴다.
I enjoy to play computer games. (×)

He wants to play computer games. (○)
그는 컴퓨터 게임을 하고 싶어한다.
He wants playing computer games. (×)

She hates playing computer games.
= She hates to play computer games.
그녀는 컴퓨터 게임 하는 걸 싫어한다.

I like playing computer games. 나는 컴퓨터 게임 하는 걸 좋아한다.
I like to play chess game on computer.
나는 컴퓨터로 장기 두는 걸 좋아한다.

이보영의 ★ Point

1 동명사와 부정사 모두 목적어 역할을 한다.
I hate singing. / I love to sing.

2 동명사만을 목적어로 갖는다.
She enjoys singing.

3 부정사만을 목적어로 갖는다.
I hope to see you again.

4 둘 다 목적어가 될 수 있지만 뜻이 다른 경우도 있다.
He stopped smoking.
He stopped to smoke on the street.

1 동명사와 부정사 모두 목적어 역할을 하죠. 어떤 동사는 동명사를, 어떤 동사는 부정사를 목적어로 갖기 때문에 자주 비교됩니다.

2 동명사만을 목적어로 갖는 동사에는 enjoy, deny, give up, finish 등이 대표적입니다.

3 부정사만을 목적어로 갖는 동사에는 want, decide, hope, wish, promise 등이 있지요. 이러한 동사에 동명사를 목적어로 쓸 경우 틀린 문장이 되므로 주의해야 합니다.

4 동사 중에는 동명사와 부정사를 모두 목적어로 가질 수 있는 것들이 있습니다. 그러나 의미가 달라질 수도 있음을 기억하시기 바랍니다.

1 동명사와 부정사 모두 목적어 역할을 한다.

I hate singing. 나는 노래하는 걸 싫어한다.

I love to sing. 나는 노래하는 걸 좋아한다.

I gave up smoking two weeks ago.
나는 2주 전에 담배(피우기)를 끊었다.

I don't want to smoke again.
나는 다시 담배 피우기를 원하지 않는다(담배를 피우고 싶지 않다).

2 동명사만을 목적어로 갖는다.

She enjoys singing. 그녀는 노래하는 걸 즐긴다.

He has given up smoking. 그는 담배를 끊었다.

I finished writing my report. 나는 보고서 작성을 마쳤다.

Would you mind opening the window?
창문 좀 열어 주시겠어요? (당신은 창문 열기를 꺼려하시나요?)

• mind는 '~하는 걸 꺼리다, 싫어하다'란 뜻이다.

3 부정사만을 목적어로 갖는다.

I hope to see you again. 다시 만나기를 바랍니다.

He promised to buy me lunch. 그는 내게 점심을 사기로 약속했다.

She decided to go there. 그녀는 거기에 가기로 결심했다.

I want to go there. 나는 거기에 가길 원한다.

4 둘 다 목적어가 될 수 있지만 뜻이 다른 경우도 있다.
동명사와 부정사를 목적어로 쓸 때 의미 변화가 없는 동사에는 start, begin, continue, love, hate 등이 있다.

She began crying. 그녀는 울기 시작했다.
= She began to cry.

I hate dancing. 나는 춤추는 걸 싫어한다.
= I hate to dance.

동명사와 부정사를 목적어로 쓸 때 의미가 달라지는 동사에는 like, remember, need, try 등이 있다.

I've read this book before. I clearly remember reading it. 나는 이 책을 읽은 적이 있다. 분명히 읽은 기억이 난다. (읽은 것을 기억한다.)

  • 과거의 일이 이제 기억난다는 뜻

I remembered to read the book before my next class. 나는 다음 수업 시간 전까지 그 책을 읽어야 한다는 것이 기억났다.

  • 해야 할 일이 기억났다는 뜻

My computer needs repairing. 내 컴퓨터는 수리가 필요하다.

  • repairing은 to be repaired, 즉 수리되어야 한다는 수동의 뜻이다.

I need to buy a new computer. 나는 새 컴퓨터를 살 필요가 있다.

  • to buy는 ~을 사다라는 능동의 뜻이다.

He stopped smoking. 그는 담배를 끊었다.

  • stop 뒤에 동명사가 목적어로 오면 '~하는 것을 그만두다' 란 뜻이 된다. '담배 피우는 것'을 그만두었다란 뜻.

He stopped to smoke on the street.
그는 담배를 피우기 위해 길에 멈춰 섰다.

  • stop 뒤에 부정사가 오면 '담배를 피우기 위해' 라는 뜻이 된다. 목적어가 아니라 부사적 용법으로 쓰였다.

한 발짝 더 ☐

동명사와 부정사를 목적어로 갖는 동사

동명사를 목적어로 갖는 동사

stop 그만두다	admit 인정하다	practice 연습하다
avoid 회피하다	deny 부정하다	escape 벗어나다
consider 고려하다	imagine 상상하다	postpone 연기하다
delay 연기하다		

부정사를 목적어로 갖는 동사

determine 결정하다	hope 희망하다	wish 바라다, 기원하다
want 원하다	plan 계획하다	mean 의도하다
offer 제안하다	refuse 거절하다	agree 동의하다
fail ~하지 못하다, 실패하다	desire 바라다, 희망하다	attempt 시도하다

1 괄호 속의 동사를 알맞은 모양으로 밑줄에 넣으세요.

1. I hope <u>to find</u> a new job. (find)
2. I enjoy _____ television. (watch)
3. My father stopped _____ last month. (smoke)
4. He decided _____ his car. (sell)
5. I gave up _____ for my health. (drink)
6. She postponed _____ to my offer. (reply)
7. He escaped _____ punished by his teacher. (be)
8. She refused _____ our club. (join)
9. I want _____ to Hawaii this summer. (go)
10. Do you mind me _____ on the radio? (turn)

2 보기의 동사 가운데 하나를 골라 밑줄에 알맞은 모양으로 넣으세요. (의미상 가장 적당한 단어를 선택하세요.)

> come, have, use, pass, confess, go, be, accept, play, make

1. He studied very hard, but he failed <u>to pass</u> the exam.
2. He practices _____ the guitar every day.
3. I wish _____ a millionaire.
4. We delayed _____ our housewarming party.
5. I mean _____ everything to her.
6. He promised _____ back soon.
7. We have to avoid _____ such vulgar language.
8. I am considering _____ to London to study further.
9. I finished _____ a report for tomorrow's meeting.
10. We agreed _____ his offer.

3 제시된 동사를 밑줄에 알맞은 형태로 넣고, 의미 차이를 말해 보세요.

1. drink

   He stopped <u>drinking</u>.

   He was thirsty, so he stopped <u>to drink</u> something.

2. meet

I remembered _____ a client at 6:00 p.m.

She doesn't recognize me. But I remember _____ her once.

3. move

I tried _____ the box to the basement, but it was too heavy.

The box occupied too much space, so I tried _____ it to the basement.

4. take

I like _____ walks.

I like _____ walks with my grandfather.

5. repair

My car needs _____.

I need _____ my car.

정답 및 해설

1 1. to find 2. watching 3. smoking 4. to sell 5. drinking 6. replying 7. being 8. to join
9. to go 10. turning

1. 나는 새로운 직업을 찾고 싶다. 2. 나는 TV 보는 것을 좋아한다. 3. 우리 아버지는 지난달에 담배를 끊으셨다. 4. 그는 자기 차를 팔기로 결정했다. 5. 나는 건강을 위해서 술을 끊었다. 6. 그녀는 나의 제안에 대한 답변을 미뤘다. 7. 그는 선생님의 처벌을 모면했다. 8. 그녀는 우리 클럽에 들어오는 걸 거절했다. 9. 나는 이번 여름에 하와이에 가고 싶다. 10. 라디오를 좀 켜도 될까요?

2 1. to pass 2. playing 3. to be 4. having 5. to confess 6. to come 7. using 8. going
9. making 10. to accept

1. 그는 열심히 공부했다. 그러나 시험에 떨어졌다. 2. 그는 매일 기타 연주 연습을 한다. 3. 나는 백만장자가 되고 싶다. 4. 우리는 집들이하는 걸 연기했다. 5. 나는 그녀에게 모든 걸 고백할 생각이다. 6. 그는 곧 돌아오겠다고 약속했다. 7. 우리는 그런 저속한 말을 쓰는 것을 피해야 한다. 8. 나는 공부를 더 하기 위해서 런던에 가는 걸 고려 중이다. 9. 나는 내일 있을 회의를 위한 보고서 작성을 마쳤다. 10. 우리는 그의 제안을 받아들이는 데 동의했다.

3 1. drinking / to drink 2. to meet / meeting 3. to move / moving 4. taking / to take
5. repairing / to repair

1. 그는 술을 끊었다. / 그는 목이 말랐다. 그래서 뭔가를 마시기 위해 멈춰 섰다. 2. 나는 오후 6시에 고객을 만나야 한다는 것이 기억났다. (그래서 만났다는 뜻) / 그녀는 나를 알아보지 못한다. 그러나 나는 그녀를 한 번 만난 기억이 난다. 3. 나는 그 상자를 지하실로 옮기려고 했지만 너무 무거웠다. / 그 상자는 너무 공간을 많이 차지했다. 그래서 지하실로 옮겨 보았다. 4. 나는 산책을 좋아한다. / 나는 할아버지와 산책하는 걸 좋아한다. 5. 내 차는 수리가 필요하다. / 나는 차를 수리할 필요가 있다.

1 형용사 역할을 하는 현재분사

MP3 강의 CD 15

A lady is sleeping **on the bed.** 한 여인이 침대에서 자고 있다.
Look at the sleeping lady. 저 잠자고 있는 여인을 좀 봐.

Look at the dancing girl. 저 춤추는 소녀를 보라.
There's a girl dancing **in the hall.** 저 홀 안에 춤추는 소녀가 있다.

We go skiing **every winter.** 우리는 매년 겨울 스키를 타러 간다.
I saw him skiing **in the morning.**
나는 아침에 그가 스키 타는 걸 보았다.

이보영의 ★ Point

1 현재분사는 동사원형에 –ing를 붙인다.
A carpet is flying **in the sky.**
2 현재분사는 명사를 꾸며 주는 역할을 한다.
Look at that crying baby.
3 현재분사는 보어로 쓰기도 한다.
He kept surfing **the Internet for two hours.**

1 현재분사는 동사원형에 -ing를 붙인 형태로, 이미 앞에서 다뤘듯이 진행 시제를 만들 때 쓰는 동사의 변화 형태입니다. 하지만 현재분사는 진행 시제로 쓰는 것 이외에 형용사 역할을 하기도 하지요.

2 그런데 동사원형에 -ing를 붙인 형태로 동명사도 있음을 앞에서 배웠지요. 이렇게 '동사원형＋-ing' 는 동명사로서 명사 역할을 하기도 하고, 현재분사로서 다른 명사를 꾸며 주는 형용사 역할을 하기도 합니다.

3 현재분사가 형용사 역할을 할 경우 문장에서 보어가 되기도 합니다. 주어를 설명하는 경우(주격 보어)와 목적어를 설명하는 경우(목적격 보어)가 있죠.

1 현재분사는 동사원형에 -ing를 붙인다.

현재분사는 문장에서 형용사 역할을 한다. 진행 시제를 나타낼 때와 형용사 역할을 할 때의 차이를 예문을 통해 비교해 보자.

A carpet is flying in the sky. 양탄자가 하늘을 날고 있다.

- is flying은 현재진행을 나타낸다.

I saw a flying carpet in my dream.

나는 꿈에 날아다니는 양탄자를 보았다.

- flying은 carpet을 꾸며 주는 형용사 역할을 한다.

I have a talking bird. 나는 말하는 새를 가지고 있다.

- talking은 bird를 꾸며 주는 형용사 역할을 한다.

I heard my bird talking. 나는 우리 새가 말하는 걸 들었다.

- talking은 목적어인 my bird의 동작을 설명하는 형용사로서 목적 보어 역할을 한다.

2 현재분사는 명사를 꾸며 주는 역할을 한다.

Look at that crying baby. 저 울고 있는 애 좀 봐요.

She is a walking dictionary. 그녀는 걸어 다니는 사전이에요.

A rolling stone gathers no moss.

구르는 돌에는 이끼가 끼지 않는다.

There is a bird talking in the cage.

새장 안에 말하는 새가 있다.

- 현재분사 뒤에 따라오는 말이 있으면 현재분사는 명사의 뒤에서 꾸며 준다.

Her hobby is cooking. 그녀의 취미는 요리(하는 것)다.

- cooking은 동명사로서 주어 Her hobby를 보충 설명하는 보어

I don't like cooking. 나는 요리를 좋아하지 않는다.

- cooking은 동명사로서 like의 목적어

3 현재분사는 보어로 쓰기도 한다.

주어를 설명해 주는 현재분사 (주격 보어)

He kept surfing the Internet for two hours.

그는 두 시간 동안 인터넷을 검색했다.

- surfing은 주어 He의 행동을 설명한다. keep은 '~인 채로 있다' 는 뜻이다.

목적어를 설명해 주는 현재분사 (목적격 보어)

I saw him surfing the Internet.

나는 그가 인터넷을 검색하는 것을 보았다.

- surfing은 목적어 him의 행동을 설명한다.

한 발짝 더 □

현재분사와 동명사 구별하기 1

현재분사는 진행 시제를 나타내거나 형용사 역할을 할 때 '~하고 있는' 의 의미가 강하다.

He is fishing in the river. 그는 강에서 낚시를 하고 있다.

I saw him fishing in the river. 나는 그가 강에서 낚시하고 있는 것을 보았다.

동명사는 명사로서 '~하는 것' 이라고 해석한다.

I like fishing. 나는 낚시하는 것를 좋아한다.

Fishing is one of my hobbies. 낚시는 내 취미 중의 하나다.

My hobby is fishing. 내 취미는 낚시다.

현재분사와 동명사 구별하기 2

'동사원형 -ing + 명사' 일 때 '동사원형 -ing' 이 동명사로 쓰였는지, 현재분사로 쓰였는지 정확히 알아야 한다. 방법은 '동사원형 -ing + 명사' 를 문장으로 풀어 보면 된다.

a sleeping baby 잠자고 있는 아기
→ **A baby is sleeping.** (현재분사)

a sleeping bag 침낭
→ **a bag for sleeping** (잠자는 용도를 위한 가방/동명사)

a smoking man 담배 피우는 남자
→ **A man is smoking.** (현재분사)

a smoking room 흡연실
→ **a room for smoking** (흡연을 위한 방/동명사)

2 수동의 의미를 가진 과거분사

MP3 강의 ▶ ▶ ▶

She has just come back from a trip.
그녀는 여행에서 막 돌아왔다.

Look at this broken vase. 이 깨진 꽃병 좀 봐.
I have a vase made 200 years ago.
나에게는 200년 전에 만들어진 꽃병 하나가 있다.

She looked surprised at the party.
그녀는 그 파티에 깜짝 놀란 듯이 보였다.

We made her surprised by holding a party for her.
우리는 파티를 열어 그녀를 놀라게 해주었다.

이보영의 ★ Point

1 과거분사는 형용사 역할을 하거나 완료 시제/수동태에 쓸 수 있다.
I bought a used car.

2 과거분사는 명사를 꾸며 주는데, 수동적인 관계다.
I like boiled eggs.

3 과거분사는 보어로 쓴다.
She got excited at the news.

1 과거분사 또한 동사의 한 변화 형태로서 완료 시제를 다룰 때 이미 그 모양을 배웠지요? 과거분사는 완료 시제를 나타낼 때 외에도 현재분사처럼 명사를 수식하거나 보어로 쓸 수 있으며, 수동태를 만들 때 (Group 18에서도 배웁니다)도 씁니다.

2 과거분사도 현재분사와 마찬가지로 명사 앞이나 뒤에 나와 명사를 꾸며 주는 형용사 역할을 하지요. 현재분사와 다른 점은 현재분사는 꾸밈을 받는 명사와 능동적인 관계지만 과거분사는 수동적인 관계를 나타낸다는 것입니다. 예문을 통해 쓰임을 확인해 두세요.

3 과거분사가 형용사로서 보어 역할을 하는 경우도 현재분사와 마찬가지입니다. 주어를 설명해 주는 경우와 목적어를 설명해 주는 경우 두 가지가 있습니다.

1 과거분사는 형용사 역할을 하거나 완료 시제/수동태에 쓸 수 있다.

과거분사는 완료 시제를 만든다.

I have been to Jeju Island twice.
나는 제주도에 두 번 갔다왔다.

형용사로서 명사를 수식하거나 보어 역할을 한다.

I bought a used car. 나는 중고차를 한 대 샀다.

- used는 car를 꾸며 준다.

He is married. 그는 결혼했다.

- married는 주어 He의 상태를 나타낸다.

과거분사는 수동태에 쓴다.

It was made in Korea. 이것은 한국에서 만들어졌다.

2 과거분사는 명사를 꾸며 주는데, 수동적인 관계다.

She is looking at the fallen leaves.
그녀는 낙엽(떨어진 잎들)을 바라보고 있다.

I had a broken heart for a long time.
나는 오랫동안 상처받은 가슴을 안고 살았다.

I like boiled eggs. 나는 삶은 달걀을 좋아한다.

- 과거분사 boiled는 eggs를 수식. 달걀이 뜨거운 물에 의해 삶아진다는 수동의 의미가 있다. 이 점이 현재분사와 다르다. 다음 예문을 보자.

Boiling water is dangerous. 끓는 물은 위험하다.

- 현재분사 boiling은 water를 수식한다. '물이 끓는다' 라는 능동의 의미다.

I have many books written in English.
나는 영어로 쓰인 책을 많이 가지고 있다.

- 과거분사 뒤에 따라오는 말이 있으면 과거분사는 명사의 뒤에서 꾸며 준다.

3 과거분사는 보어로 쓴다.

주어를 설명해 주는 과거분사 (주격 보어)

He **looks** satisfied **with his new job.**

그는 새로운 직장에 만족하는 것 같다.

- 과거분사 satisfied는 주어 He의 상태를 설명하고 있다. look은 '~해 보이다' 란 뜻.

목적어를 보충해 주는 과거분사 (목적격 보어)

I **found** my room **messed up.** 나는 내 방이 어질러져 있는 걸 알았다.

- 과거분사 messed는 목적어 my room의 상황을 설명하고 있다. mess up은 '~을 엉망으로 만들다, 지저분하게 하다' 란 뜻이다.

한 발짝 더 ☐

have/get + 목적어 + 과거분사

이 구문은 '시키다' 또는 '당하다' 의 의미로 해석한다.

I had my watch repaired. 나는 시계를 수리했다. (시계를 고치게 시켰다는 뜻)
I had my hair cut. 나는 머리를 잘랐다. (내 머리를 자르도록 시켰다는 뜻)
I got my leg broken. 내 다리가 부러졌다. (다리가 부러지는 사고를 당했다는 뜻)
I had my car washed. 내 자동차를 세차시켰다.

- I had him wash my car.는 '나는 그에게 내 차를 세차하도록 시켰다' 는 의미가 된다. 'have + 목적어' 다음에 원형부정사가 올 경우 목적어(him)가 직접 '~하도록' 이라는 의미가 된다.

-ing와 -ed로 끝나는 형용사 비교

같은 뿌리를 가지는 두 형태(-ing/-ed)의 의미 차이

-ing는 대상에 대해 말한다.

This book **is very** boring. 이 책은 아주 지루하다.

He **is** boring. 그는 지루하다. (지루한 사람이다.)

-ed는 대상에 대한 누군가의 생각/느낌을 말한다.

I am bored **with this book.** 나는 이 책이 지루하다.

I am bored **with him.** 나는 그가 지겹다.

1 괄호 안의 동사를 알맞은 모양으로 바꿔 밑줄을 채우세요.

1. I saw him _jogging_ in the park this morning. (jog)
2. I think _____ English is easier than written English. (speak)
3. We found a _____ ship on the East Coast. (wreck)
4. I read many plays _____ by Shakespeare. (write)
5. She is a genius. She's like a _____ dictionary. (walk)
6. He bought a _____ car today. (use)
7. Look at the girl _____ on the floor. (dance)
8. I heard her _____ in her room last night. (cry)
9. I felt the ground _____ while walking on the street. (shake)
10. He has a car _____ in Korea. (make)

2 1~10번의 밑줄 쳐진 –ing를 동명사와 현재분사로 구분하세요.

동명사가 쓰인 문장은? _1,_____

현재분사가 쓰인 문장은? _____

---

1. He likes <u>playing</u> soccer.
2. I was <u>cooking</u> in the kitchen when you called me.
3. I need a <u>sleeping</u> bag to go camping.
4. We bought a new <u>washing</u> machine.
5. There's a man <u>sleeping</u> on the bench.
6. You can meet him in the <u>waiting</u> room.
7. We don't use this outdoor <u>swimming</u> pool in the winter.
8. Look at the <u>rising</u> sun.
9. He got in the <u>waiting</u> taxi.
10. You cannot smoke here. Please use the <u>smoking</u> room over there.

---

3 제시된 동사를 밑줄에 알맞은 분사 형태로 넣어 문장을 완성하세요.

1. cover
   Look at those clouds <u>covering</u> the moon.
   Look at the moon <u>covered</u> by the clouds.

2. boil
   I don't like _____ potatoes.
   _____ water is dangerous.

3. fall
   He is sweeping the _____ leaves in the garden.
   I am gathering the fruit _____ from the tree.

4. interest
   This is an _____ book.
   There are many people _____ in this job.

5. close
   He gave a _____ address at the meeting.
   They made a decision in _____ session.

꼭 알아 둬야 할 패턴들 5

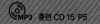 MP3 훈련 CD 15 P5

1 too + 형용사(부사) + to 동사원형

'동사원형' 하기에는 너무 '형용사' 하다, 너무 '형용사(부사)' 해서 '동사원형' 할 수 없다.

I am too busy to have lunch today.

나는 오늘 너무 바빠서 점심을 먹을 수가 없다.

> 이 표현은 '~하기에는 너무 ~하다' 즉, '너무 ~해서 ~할 수 없다' 라는 뜻
> 으로 해석할 수 있다.

You are too young to drive.   넌 운전하기에는 너무 어려

This sweater is too small for me to wear.

이 스웨터는 너무 작아서 못 입겠다. (내가 입기에는 너무 작다.)

> • to 부정사의 주체가 문장의 주어와 다를 경우 'for 목적격' 으로 나타낸다.

He speaks too fast for me to understand.

그는 너무 빨리 말을 해서 못 알아듣겠다. (내가 알아듣기에는 말이 너무 빠르다.)

2 형용사(부사) + enough to 동사원형

'동사원형' 할 만큼(정도로) '형용사' 하다

He is tall enough to be a basketball player.

그는 농구 선수가 될 수 있을 만큼 키가 크다.

> enough는 '충분히' 라는 뜻으로 이 표현에서는 형용사나 부사를 뒤에서 수
> 식하여 '~할 만큼 충분히 ~하다' 라는 의미를 나타낸다.

She is smart enough to be called a genius.

그녀는 천재라고 불릴 정도로 똑똑하다.

He spoke slowly enough for me to understand.

그는 내가 알아들을 수 있을 정도로 천천히 말했다.

> • to 부정사의 주체가 문장의 주어와 다를 경우 'for 목적격' 으로 나타낸다.

This book is easy enough for the kids to read.

이 책은 애들이 읽을 수 있을 만큼 쉽다.

3 It takes + 사람 + 시간 + to 동사원형
'동사원형' 하는 데 시간이 걸린다

It took me one week to read through this book.
내가 이 책을 다 읽는 데 일주일이 걸렸다.

> take는 '시간, 공간, 노력 등을 필요로 하다, 쓰다' 라는 의미이며, it은 to 이하의 동작을 가리킨다. 즉 직역하면 to 이하의 동작이 ~에게 ~만큼의 시간을 쓰게 하다' 라는 뜻이 된다.

It took me two days to write my final report.
(내가) 학기말 보고서를 쓰는 데 이틀이 걸렸다.

It will take you a long time to master a foreign language.
(네가) 외국어를 통달하려면 오랜 시간이 걸릴 것이다.

4 would like to 동사원형
'동사원형' 하고 싶다

I would like to see a movie tonight.
나는 오늘 밤에 영화를 보고 싶다.

> would like to는 want to ~와 같은 의미로 보다 공손한 표현이다.

I would like to meet her. 나는 그녀를 만나고 싶다.

I would like to stay here, too. 저도 여기에 있고 싶어요.

I would like for you to go there instead of us.
나는 당신이 우리 대신 거기에 가주길 바랍니다.

> • to 부정사의 주체가 문장의 주어와 다를 경우 'for 목적격' 으로 나타낸다.

5 feel like -ing
'-ing' 하고 싶다

I feel like sleeping. 나는 자고 싶다.

> like는 '~일 것 같은' 이라는 뜻의 전치사로서 뒤에 명사 또는 동명사가 온
> 다. 그래서 feel like ~는 '~하고 싶은 마음이 들다' 라는 뜻이 된다.

I don't feel like eating anything now. 나는 지금 아무것도 먹고 싶지 않다.
I feel like drinking something. 나는 뭔가 마시고 싶다.

6 cannot help -ing
~하지 않을 수 없다, ~할 수밖에 없다

I could not help crying. 나는 울지 않을 수가 없었다.

> 이때의 help는 '~을 피하다' , '막다' 라는 뜻으로 이해하여 '-ing하는 것을
> 피할 수가 없다' , 즉 '-ing할 수밖에 없다' 는 뜻이 된다.

I can't help doubting his honesty. 나는 그의 진실성을 의심하지 않을 수 없다.
I couldn't help seeing her. 나는 그녀를 쳐다보지 않을 수가 없었다.

7 be(get) used to -ing
~하는 데 익숙하다(익숙해지다)

I am used to working alone. 나는 혼자 일하는 데 익숙하다.

> used는 '익숙한' 이라는 뜻의 형용사로 쓰이고 있고 to는 '~에 (대하여)' 라
> 는 전치사로 뒤에는 동명사 또는 명사가 오게 된다.

We got used to working together. 우리는 함께 일하는 데 익숙해졌다.
I am not used to appearing on TV. 나는 TV에 출연하는 데 익숙하지 않다.

8 It is no use -ing = It is no good -ing

~하는 것은 소용없다

It is no use talking to him. 그에게 말해 봐야 소용없다.

use나 good은 '효과, 이로움' 등을 나타내는 명사로 쓰이고 있으며, it은 '-ing 동작'을 가리킨다. 그러므로 '-ing 하는 것은 소용없다'란 뜻이 된다.

It is no use apologizing to her now. 지금 그녀에게 사과해 봤자 소용없다.

It is no good making an excuse to your parents.
너희 부모님께 변명해 봤자 소용없다.

9 be busy (in) -ing

~하느라 바쁘다

She was busy packing her stuff.
그녀는 자기 짐들을 싸느라 바빴다.

이 문장에서 -ing는 바쁜 이유가 된다.

I am busy preparing for my midterms. 나는 중간고사 준비하느라 바쁘다.

10 spend 시간 (in) -ing

~하는 데 시간을 보내다

I spent the whole weekend sleeping.
나는 주말 내내 자면서 보냈다.

spend 뒤에는 one hour, two years, my entire life 등 시간을 나타내는 여러 가지 말이 올 수 있다.

I spent 10 years learning English. 나는 영어를 배우는 데 10년을 보냈다.

Lecture 6

관계와 표현

이제 마지막 강의입니다.
여기서는 접속사, 관계대명사 · 관계부사,
수동태, 비교, 가정법 등을 배우게 됩니다.
모두 알 듯 말 듯 헷갈리는 내용들이죠.
복잡한 설명, 내용 다 버리고
꼭 알아 둬야 할 내용만을 뽑아 놓았으니
확실하게 정리하고 넘어가세요.

1 무엇인가를 연결해 주는 접속사 and, but, or

MP3 강의 CD 16

I like music and movies. 나는 음악과 영화를 좋아한다.

I like listening to music, but I don't like singing.
나는 음악 듣는 것을 좋아한다. 그러나 노래하는 건 좋아하지 않는다.

Which do you like better, soccer or baseball?
축구 아니면 야구, 어떤 걸 더 좋아하세요?

I invited Jack, Tom, Jane, and Mary.
나는 잭, 톰, 제인, 그리고 메리를 초대했다.

이보영의 ★ Point

1 접속사란 무엇인가를 이어 주는 말이다.
I like apples and bananas.

2 등위접속사란 대등한 관계를 이어주는 접속사다.
I like classical music, but he likes pop.

3 셋 이상을 연결할 때는 마지막 말 앞에 접속사를 붙인다.
Which is the heaviest, gold, silver, or bronze?

1 접속사란 문장 속의 두 성분 또는 문장과 문장을 이어 주는 말입니다. 단어와 단어, 구와 구, 절과 절을 연결할 수 있겠죠. 우리말의 '그리고, 그러나, 그래서, 또는' 등에 해당되는 말이지요.

2 접속사가 이어 주는 말이 서로 대등한 관계에 있을 때 이를 등위접속사라고 합니다. 이 말은 단어와 단어, 구와 구, 절과 절이 꾸며 주는 관계가 아니라 같은 체급이어야 한다는 것이죠. 여기에 속하는 접속사로는 and, but, or 등이 있습니다.

3 접속사가 두 단어, 두 문장 이상을 연결할 때도 있죠. 셋 이상의 성분을 연결할 때는 마지막으로 연결하는 말 앞에만 접속사를 붙입니다. 위의 Jack, Tom, Jane, and Mary처럼요.

1 접속사란 무엇인가를 이어 주는 말이다.

I like apples and bananas.
나는 사과와 바나나를 좋아한다.

- 단어와 단어를 연결하였다.

What do you want to do, go to the movies or eat out?
영화 보러 가는 것 아니면 외식, 뭘 하고 싶어요?

- 구와 구를 연결하였다.

I had to finish my homework yesterday, but I couldn't.
나는 어제 숙제를 다 끝내야 했다. 그러나 그럴 수가 없었다.

- 절과 절을 연결하였다.

2 등위접속사란 대등한 관계를 이어 주는 접속사다.

and는 '그리고' 란 뜻이다.

I like listening to music and going to the movies.
나는 음악 감상과 영화 보러 가는 걸 좋아한다.

but은 '그러나' 란 뜻이다.

I like classical music, but he likes pop.
나는 고전음악을 좋아하지만 그는 대중음악을 좋아한다.

or는 '또는, 아니면' 이란 뜻이다.

Do you want to go to a concert or go to a movie tomorrow?
내일 공연을 보러 가고 싶니, 아니면 영화를 보러 가고 싶니?

so는 '그래서, 그러므로' 의 뜻이다. 앞의 내용에 대한 결과를 설명하므로 항상 문장 뒤에 위치한다.

He thinks classical music is boring, so he doesn't like it.
그는 고전음악이 지루하다고 생각한다. 그래서 좋아하지 않는다.

It's raining now, so we can't go on a picnic.
지금 비가 와요. 그래서 소풍을 갈 수가 없어요.

for는 '왜냐하면'이란 뜻이다. 앞의 내용에 대한 이유를 설명하므로 항상 문장 뒤에 위치한다.

We can't go on a picnic, for it's raining now.
소풍을 갈 수가 없겠어요. 왜냐하면 지금 비가 오니까 말이에요.

I listen to music every night, for it makes me feel relaxed.
나는 매일 밤 음악을 듣는다. 왜냐하면 기분을 편안하게 해주기 때문이다.

- so와 for는 절과 절을 연결할 때만 사용한다.

3 셋 이상을 연결할 때는 마지막 말 앞에 접속사를 붙인다.

Which is the heaviest, gold, silver, or bronze?
금, 은, 동, 어느 것이 제일 무거운가요?

- 마지막으로 연결되는 말 앞에 접속사를 붙인다.

I made a lot of bulgogi and kimchi and japchae for my housewarming party.
나는 우리 집들이를 위해서 불고기와 김치와 잡채를 많이 준비했다.

- 하나하나를 강조하고 싶을 때는 and/or 접속사를 반복할 수 있다.

GROUP 16

2 쓰임이 조금 다른 접속사들

MP3 강의 ▶ ▶ ▶

I didn't know that he wrote this book.
나는 그가 이 책을 썼다는 것을 몰랐다.

It is true that he wrote this book.
그가 이 책을 썼다는 것은 사실이다.

He wrote this book when he was a journalist.
그는 기자였을 때 이 책을 썼다.

이보영의 ★ Point

1 종속접속사는 대등하지 않은 관계를 이어 준다.
I was angry with him because he didn't clean the room.

2 명사절을 이어 주는 종속접속사가 있다.
It is true that he was an actor.

3 부사절을 이어 주는 종속접속사가 있다.
When we work hard, he only spends his time playing.

1 절과 절이 연결될 때 어떤 절은 전체 문장 속에 들어가 그 문장의 한 부분이 되기도 합니다. 이러한 절을 잇는 접속사가 바로 대등하지 않은 관계를 잇는 종속접속사라고 하는 것이지요.

2 하나의 절 전체가 다른 문장 속에 들어가 있다면, 그 절은 문장에서 어떤 역할을 하겠지요. 대표적으로 명사처럼 주어나 목적어가 될 수 있습니다. 접속사에는 이렇게 명사절을 이어 주는 종속접속사가 있습니다.

3 절 전체가 부사 역할을 하기도 합니다. 이때 이어 주는 접속사에도 여러 가지가 있습니다. 시간을 나타내는 when, before, 이유를 나타내는 because, as, 조건을 나타내는 if, 양보 though, 목적이나 결과를 나타내는 that 등이 있습니다. 물론 형용사 역할을 하도록 이어 주는 접속사도 있는데, 이는 주로 관계사라고 불리는 것으로 Group 17에서 따로 다루도록 하겠습니다.

1 종속접속사는 대등하지 않은 관계를 이어 준다.

He didn't clean the room, so I was angry with him. 그는 방 청소를 하지 않았다. 그래서 나는 그에게 화가 났다.

- so는 등위접속사다.

I was angry with him because he didn't clean the room. 나는 그가 방 청소를 해놓지 않아서 화가 났다.

- because는 종속접속사다.

2 명사절을 이어 주는 종속접속사가 있다.
주어로 쓰인 명사절

It is true that he was an actor. 그가 배우였다는 것은 사실이다.

- 이 경우 It은 가짜 주어(가주어), that절이 진짜 주어(진주어)다.

목적어로 쓰인 명사절

I don't know if(whether) he was famous or not. 나는 그가 유명했는지 안 했는지 모르겠다.

보어로 쓰인 명사절

The truth is that he was a stunt man. 사실 그는 스턴트맨이었다.

- that절은 주어 The truth를 설명한다.

3 부사절을 이어 주는 종속접속사가 있다.

When we work hard, he only spends his time playing. 우리가 열심히 일할 때, 그는 그저 놀면서 시간을 보낸다.

- when은 시간을 나타낸다.

Can we take a break before the meeting starts? 회의 시작하기 전에 우리 좀 쉬어도 될까요?

- 시간을 나타내는 접속사로는 before도 있다.

I couldn't breathe because the room was filled with smoke. 방에 연기가 자욱해서 숨을 쉴 수가 없었다.

- because는 이유를 나타낸다.

As you are my best friend, I will tell you the truth. 너는 나와 제일 친한 친구니까 진실을 말해 줄게.

- as는 이유를 나타낸다.

If it's fine tomorrow, we will take a field trip.
내일 날씨가 좋으면 우리는 견학을 갈 것이다.

- if는 조건을 나타낸다.

Though it was raining, nobody left the soccer field. 비가 오고 있었지만 누구도 축구장을 떠나지 않았다.

- though는 양보를 나타낸다.

Please speak more loudly so that we can hear you clearly. 목소리를 분명히 들을 수 있도록 좀 더 크게 말씀해 주세요.

- that은 목적을 나타낸다.

He is such a workaholic that he has no friends.
그는 너무 일만 하는 사람이라 친구가 없다.

- that은 결과를 나타낸다.

한 발짝 더 ☐

동격의 that

that으로 이어지는 명사절은 앞에 나온 명사를 부가적으로 설명하기도 한다.

I heard the news that he was fired yesterday.
나는 그가 어제 해고당했다는 소식을 들었다.

- the news = that he was~

'왜냐하면'을 나타내는 다양한 접속사

I don't want to go out because it's too cold.
날씨가 너무 추워서 나가고 싶지 않아.

- because는 직접적인 이유를 즉석에서 밝힐 때 쓰며, 보통 주절 뒤에 온다.

Since the rain stopped, we can go out now.
비가 그쳤으니까 이제 나갈 수 있다.

- since는 because보다 약한 의미로 보통 주절의 앞에 온다.

As it's cold outside, I will stay home.
밖이 추우니까 나는 집에 있겠다.

- as는 보통 주절의 앞에 쓰이며 since보다 이유의 뜻이 더 약하다.

I will stay home, for it's cold outside.
나는 집에 있겠다, 밖이 추우니까.

- for는 이미 말한 바에 대하여 이유나 설명을 나중에 생각난 듯이 첨가할 때 쓰는데, 구어에서는 because를 쓰는 것이 보통이다.

1 보기의 접속사 가운데 하나를 골라 밑줄에 넣으세요.

> and, but, or, so, for

1. I like musicals _and_ operas.
2. Would you like coffee _____ tea?
3. It's almost spring now, _____ the days are getting warmer.
4. I wasn't feeling well yesterday, _____ I couldn't go to school.
5. I don't like sports very much, _____ sometimes watch the soccer games on TV.
6. He went out in the morning _____ came back at night.
7. Which is the faster way to get there, subway _____ bus?
8. I have something to do now, _____ I can't go with you.
9. We waited for her, _____ she didn't show up.
10. He _____ I are classmates.

2 보기의 접속사 가운데 하나를 골라 밑줄에 넣으세요.

> that, when, because, if, until, though, after, since

1. The truth is _that_ she didn't like him.
2. I couldn't see anything _____ it was very hazy this morning.
3. _____ we didn't have much time, we were able to finish our work on time.
4. He was a marathoner _____ he was young.
5. I didn't know_____ he was a poet.
6. She didn't see him because she arrived_____ he left.
7. I don't know_____ she will come to the party or not.
8. I've lived in Seoul_____ I was born.
9. My father is so strict _____ I can't disobey him.
10. I'll be waiting for you here _____ you come.

3 a~e 중에서 알맞은 문장을 고르고, 보기의 접속사를 하나 골라 문장을 완성하세요.

> because, and, before, when, but

> a. It rained a lot yesterday.
> b. We had dinner after that.
> c. It's dark.
> d. He was young.
> e. She is still working.

1. He was a baseball player.
→ He was a baseball player when he was young.

2. It's 11:00 p.m. now.
→

3. The road is muddy.
→

4. You have to come home.
→

5. We saw a movie last night.
→

1 접속사와 대명사 역할을 동시에 하는 관계대명사

MP3 강의 CD 17

I know an American. + He speaks Korean very well.
= I know an American who speaks Korean very well.
나는 한국말을 아주 잘하는 미국인을 한 명 알고 있다.

I have a bird which can speak.
나는 말할 줄 아는 새를 가지고 있다.

I didn't say anything that is against you.
나는 너에게 불리한 말은 한 마디도 하지 않았다.

Tell me what you've seen there. 네가 거기서 본 것을 말해 봐.

이보영의 ✶ Point

1 관계대명사는 접속사와 대명사 역할을 한다.
   I have many books which are written in English.
2 선행사가 사람이면 who를, 사람이 아니면 which를 쓴다.
   Look at the man who is dancing on the street. (사람)
3 that은 선행사에 관계없이 쓸 수 있다.
4 관계대명사 what에는 선행사까지 포함되어 있다.
   That is what I need.

1 앞서 대등하지 않은 관계를 이어 주는 접속사 중에 형용사절을 이어 주는 접속사는 주로 관계사라 부른다고 했지요. 그 중에서 관계대명사란 서로 대등하지 않은 관계를 이어 주는 접속사 역할을 하는 동시에 자신이 이끄는 절 안에서 대명사 역할을 하는 말을 이르는 것입니다.

2 관계대명사가 대신해 주는 말을 선행사라고 합니다. 그 선행사가 사람인 경우에는 who라는 관계대명사를, 사람이 아닌 경우에는 which를 써줍니다.

3 선행사가 무엇이 되든 상관없이 쓸 수 있는 관계대명사가 바로 that입니다. 그러나 반드시 that을 써야 하는 선행사도 있다는 것 주의하세요.

4 관계대명사 what은 선행사를 포함하고 있는데, 흔히 '~인(하는) 것'이라고 해석합니다.

1 관계대명사는 접속사와 대명사 역할을 한다.

I have many books. + They are written in English. 나는 많은 책을 가지고 있다. + 그것들은 영어로 쓰여 있다.

→ **I have many books which are written in English.** 나는 영어로 써진 책을 많이 가지고 있다.

- which가 대신하는 선행사는 books이며 which 절 전체는 books를 꾸며 주는 형용사 역할을 하고 있다.

2 선행사가 사람이면 who를, 사람이 아니면 which를 쓴다.

선행사가 사람일 때 관계대명사 who를 쓴다.

Look at the man. + He is dancing on the street. 저 사람 좀 봐요. + 그는 길에서 춤을 추고 있어요.

→ **Look at the man who is dancing on the street.** 길에서 춤을 추고 있는 저 사람 좀 봐요.

선행사가 사람이 아닐 때 관계대명사 which를 쓴다.

Look at that whale. + It is blowing. 저 고래 좀 봐. + 고래가 물을 뿜고 있어.

→ **Look at that whale which is blowing.** 물을 뿜고 있는 저 고래 좀 봐.

I have a car. + It was made in the 1970's. 나에게는 차가 한 대 있다. + 그것은 1970년대에 만들어졌다.

→ **I have a car which was made in the 1970's.** 나는 1970년대에 만들어진 차를 가지고 있다.

3 that은 선행사에 관계없이 쓸 수 있다.

She is a novelist that wrote many best sellers. 그녀는 많은 베스트셀러를 쓴 소설가다.

I have a car that was made in the 1970's. 나는 1970년대에 만들어진 차를 갖고 있다.

- 선행사가 무엇이든 상관없이 쓸 수 있다.

반드시 that으로 대신해야 하는 선행사도 있다. every, all, some, no, the only, the very, the same 등이 포함되어 있을 때, 또는 형용사의 최상급 또는 서수로 수식받을 때다.

There is nothing that I can give you.
나는 너에게 줄 수 있는 것이 아무것도 없어.

She is the most beautiful woman that I have
ever met. 그녀는 내가 만난 사람 중 가장 아름다운 여자다.

4 관계대명사 what에는 선행사까지 포함되어 있다.

That is the thing which I need. 그것이 내가 필요로 하는 것이다.
= That is what I need.

I can't believe the things which I am now
seeing. 내가 지금 보고 있는 것을 믿을 수가 없다.
= I can't believe what I am now seeing.

- 다른 관계대명사절이 형용사 역할을 하는 반면, 관계대명사 what이 이끄
  는 절은 문장 속에서 명사 역할을 한다.

관계대명사 what과 의문사 what의 차이

의문사 what은 보통 '무엇'이라고 해석한다. 관계대명사 what은 보통 '~하는 것/
일/바'라고 해석한다.

What did he say to Jane?
그가 제인에게 뭐라고 했니?

- 직접적인 질문을 나타내는 의문사 what

Do you know what he said to Jane?
그가 제인에게 뭐라고 했는지 아니?

- 간접적인 질문을 나타내는 의문사 what

This book is what I was looking for.
이 책이 내가 찾고 있던 것이다.

His answer was not what I expected.
그의 대답은 내가 기대했던 것이 아니었다.

He is not what he was.
그는 예전의 그 사람이 아니다.

2 접속사와 부사 역할을 동시에 하는 관계부사

MP3 강의 ▶ ▶ ▶

This is the place where they usually hang around.
이곳이 그들이 보통 시간을 보내는 장소다.

This is the time when you can see them there.
지금이 그곳에서 그들을 만날 수 있는 시간이다.

I don't know (the reason) why they like that place.
나는 그들이 그곳을 좋아하는 이유를 모르겠다.

She told me how she had found the place first.
그녀는 처음에 이렇게 그 장소를 발견했는지 말해 주었다.

이보영의 ★ Point

1 **관계부사는 절 안에서 부사 역할을 한다.**
   This is the city where he he was born.

2 **where, when은 각각 장소, 시간을 선행사로 갖는다.**
   This is the club where the Beatles started singing. (장소)

3 **why, how는 각각 이유, 방법을 선행사로 갖는다.**
   I know the reason why he wanted to be an actor. (이유)

1   관계부사 또한 대등하지 않은 관계를 이어 주는 접속사로 형용사절을 이어 주는 역할을 합니다. 여기까지는 관계대명사와 같죠. 하지만 관계대명사가 절 안에서 명사 역할을 한다면, 관계부사는 절 안에서 부사 역할을 합니다.

2   관계대명사에는 who, which, that, what이 있듯이, 관계부사에도 where, when, why, how 등 여러 종류가 있습니다. 그 중 where는 앞에 장소를 뜻하는 선행사가 옵니다. 그럼 관계부사 when 앞에는 당연히 시간을 뜻하는 말이 선행사로 오겠지요?

3   관계부사 why 앞에는 이유를 뜻하는 the reason이라는 말이 선행사로 오게 되고, 관계부사 how 앞에는 방법이라는 뜻의 선행사 the way가 오지만 함께 쓰지는 않습니다.

1 관계부사는 절 안에서 부사 역할을 한다.

This is the city. + He was born there.
이곳이 그 도시다. + 그는 거기서 태어났다.

= This is the city where he was born.
이곳이 그가 태어난 도시다.

- where가 대신하는 선행사는 city이며 where ~ 절 전체는 city를 꾸며 주는 형용사 역할을 하고 있다.

2 where, when은 각각 장소, 시간을 선행사로 갖는다.

관계부사 where 앞에는 '장소' 를 뜻하는 선행사가 온다.

This is the club where the Beatles started singing.
이곳이 비틀즈가 노래를 시작한 클럽이다.

I like this place where the Beatles had many concerts.
나는 비틀즈가 많은 공연을 했던 이곳을 좋아한다.

관계부사 when 앞에는 '시간' 을 뜻하는 선행사가 온다.

I remember the time when the Beatles debuted.
나는 비틀즈가 데뷔한 때가 기억난다.

The 1960's was the time when they were enjoying their best days.
1960년대가 그들이 최고의 전성기를 누렸던 때다.

3 why, how는 각각 이유, 방법을 선행사로 갖는다.

관계부사 why 앞에는 '이유' 를 뜻하는 선행사가 온다.

I know the reason why he wanted to be an actor.
나는 그가 배우가 되고 싶어했던 이유를 안다.

That's why he has gone to New York.
그것이 바로 그가 뉴욕에 간 이유다.

- 문장에서 the reason과 why 중에서 하나를 생략할 수 있다. 이 문장처 럼 why만 쓸 경우에 why ~ 절은 형용사가 아닌 명사 역할을 한다.

관계부사 how 앞에는 '방법'을 뜻하는 선행사가 온다. 그러나 주의할 점이 있다. 방법을 뜻하는 선행사 the way와 관계부사 how중 하나는 언제나 생략되는 것이 일반적이다.

I don't know the way she solved the problem.
나는 그녀가 문제를 해결한 방법을 모르겠다.

That's how she solved the problem.
그것이 그녀가 문제를 해결한 방법이다.

- the way와 how는 함께 쓰지 않는다. how만 쓸 경우 how~ 절은 형용사가 아닌 명사 역할을 한다.

1 보기의 관계대명사 가운데 알맞은 것을 골라 밑줄에 넣으세요.

> who, which, that, what

1. Who ate the cake <u>which/that</u> was on the table?
2. I have a friend _____ is from America.
3. He told us _____ he had seen there.
4. Anyone _____ wants to graduate must pass this exam.
5. I can't believe _____ he said.
6. All _____ glitters is not gold.
7. He spent all the money _____ he earned for 10 years.
8. This is the only French word _____ I know.

2 보기의 관계부사 가운데 하나를 골라 밑줄에 넣으세요.

> where, when, why, how

1. This is the cafe <u>where</u> we used to meet.
2. Do you remember the time _____ she left the office yesterday?
3. I don't know the reason _____ he quit his job.
4. He went back to the place _____ he was born.
5. I don't know _____ she was able to make all the food by herself.
6. Now is the time _____ you have to make a decision.
7. She told me the reason _____ she came here.
8. Nobody knows _____ the thief was able to escape from prison.

3 보기의 다양한 접속사 가운데 하나를 골라 아래 두 문장을 한 문장으로 완성하세요.

> who, which, that, what, when, where, how, why

1. I don't know the reason. / He left the party so early last night because of that.
   → <u>I don't know why he left the party so early last night.</u>

2. This is the way. / I did it that way.

    $\rightarrow$ _____

3. There's something about him. / You don't know that.

    $\rightarrow$ _____

4. This is the house. / My family lived there for a long time.

    $\rightarrow$ _____

5. I don't know the time. / She will be back at that time.

    $\rightarrow$ _____

6. She is the actress. / She starred in that movie.

    $\rightarrow$ _____

7. This is my dog. / The dog caught the thief last night.

    $\rightarrow$ _____

8. I can't believe that. / He said that.

    $\rightarrow$ _____

정답 및 해설

1 1. which/that 2. who 3. what 4. who/that 5. what 6. that 7. that 8. that

1. 누가 식탁 위에 있던 케이크 먹었어? 2. 나에게는 미국에서 온 친구가 한 명 있다. 3. 그는 자기가 거기서 본 걸 우리에게 말해 주었다. 4. 졸업을 하고 싶은 사람은 누구든 이 시험에 합격해야 한다. 5. 나는 그가 말한 걸 믿을 수가 없다. 6. 반짝이는 것이 모두 금은 아니다. 7. 그는 10년 동안 모은 돈을 다 써버렸다. 8. 이것이 내가 아는 유일한 프랑스어 단어이다.

2 1. where 2. when 3. why 4. where 5. how 6. when 7. why 8. how

1. 여기가 우리가 만나던 그 카페다. 2. 어제 그녀가 퇴근한 시각 기억나세요? 3. 나는 왜 그가 직장을 그만뒀는지 이유를 모르겠다. 4. 그는 자신이 태어난 곳으로 돌아갔다. 5. 나는 어떻게 그녀가 혼자서 그 음식을 다 만들 수 있었는지 모르겠다. 6. 지금이 네가 결정을 내려야 할 때다. 7. 그녀는 자기가 이곳에 온 이유를 말해 주었다. 8. 그 도둑이 어떻게 감옥을 탈출할 수 있었는지 아무도 모른다.

3 1. I don't know why he left the party so early last night. 2. This is how I did it. 3. There's something that you don't know about him. 4. This is the house where my family lived for a long time. 5. I don't know the time when she will be back. 6. She is the actress who starred in that movie. 7. This is my dog which caught the thief last night. 8. I can't believe what he said.

1. 나는 이유를 모른다. / 그는 그것 때문에 어젯밤 그렇게 일찍 파티를 떠났다. → 나는 그가 어젯밤에 그렇게 일찍 파티를 떠난 이유를 모르겠다. 2. 이것이 그 방법이다. / 나는 그런 식으로 그 일을 했다. → 이것이 내가 그 일을 해낸 방법이다. 3. 그에게는 뭔가가 있다. / 너는 그것을 모른다. → 그에게는 네가 모르는 뭔가가 있다. 4. 이것이 그 집이다. / 우리 가족은 거기서 오랫동안 살았다. → 여기가 우리 가족이 오랫동안 살았던 집이다. 5. 나는 그 때를 모른다. / 그녀는 그때에 돌아올 것이다. → 나는 그녀가 돌아올 때를 모른다. 6. 그녀는 배우다. / 그녀는 그 영화에 주연으로 나왔다. → 그녀가 그 영화에 주연으로 나왔던 배우다. 7. 이것은 나의 개다. / 그 개는 어젯밤에 도둑을 잡았다. → 이것이 어젯밤에 도둑을 잡은 나의 개다. 8. 나는 그것을 믿을 수가 없다. / 그가 그 말을 했다. → 나는 그가 말한 것을 믿을 수가 없다.

1 목적어를 주어로 바꾸고 싶으면 수동태를

MP3 강의 CD 18

Everyone loves him. 모두가 그를 좋아한다.
→ He is loved by everyone. 그는 모든 사람으로부터 사랑받는다.

I will invite all of them to the party.
나는 그들 모두를 파티에 초대할 것이다.
→ All of them will be invited to the party (by me).
그들 모두 파티에 초대될 것이다.

A.G. Bell invented the telephone in 1876.
벨이 1876년에 전화기를 발명했다.
→ The telephone was invented in 1876 by A.G. Bell.
전화기는 1876년에 벨에 의해 발명되었다.

이보영의 ★ Point

1 수동태는 '누가 ~하여지다'로 해석한다.
My computer was broken by him.

2 수동태의 모양은 'be 동사 + 과거분사'가 기본이다.
This bridge was built 100 years ago (by the prisoners).

3 능동 문장의 목적어가 수동 문장의 주어가 된다.
He will be remembered forever (by us).

1 문장에는 '누가 ~하다(이다)'라고 해석하는 경우 외에 '누가 ~하여지다' 혹은 '누가 ~당하다'라고 해석하는 문장이 있는데, 이를 수동태라고 합니다.

2 수동태 문장의 기본적인 형태는 '주어 + (조동사) + (not) + be 동사 + 과거분사 + (by 행위자)' 입니다. 그러나 어떤 때는 누가 행위자인지 표시를 안 해주는 경우도 있다는 점을 알아 두세요.

3 능동태의 문장이 수동태로 바뀔 수 있기 위해서는 그 능동태의 문장 안에 목적어가 꼭 있어야 합니다. 왜냐하면, 행위의 대상이 되는 목적어가 바로 수동태에서는 주어 역할을 하기 때문이죠.

1 수동태는 '누가 ~하여지다' 로 해석한다.
그러나 수동태 문장을 우리말로 옮길 때는 능동태처럼 해야 자연스럽다.

He broke my computer.
그가 내 컴퓨터를 망가뜨렸다. (능동)

→ My computer was broken by him.
내 컴퓨터는 그에 의해 망가졌다. (수동)

- '그가 내 컴퓨터를 망가뜨렸어.' 라고 능동태처럼 해석해야 자연스럽다.

2 수동태의 모양은 'be 동사+과거분사' 가 기본이다.
'by+ 행위자' 는 경우에 따라 꼭 써줄 수도 있고, 생략할 수도 있다.

This bridge was built 100 years ago (by the prisoners).
이 다리는 100년 전에 (죄수들에 의해) 지어졌다.

- 수동태에서 특별히 '누가 했는지' 밝히고 싶을 때 'by 행위자' 를 나타낸다. 그러나 수동태 문장은 주로 '주어에게 일어난 일' 이 더 중요함을 잊지 말자.

행위자가 we, you, they, people, one 등과 같은 일반인일 때는 'by + 행위자' 를 거의 생략한다.

Halla Mountain can be seen everywhere in Jeju (by us).
한라산은 제주도 어디서나 보인다.

Michael Jackson is called the King of Pop (by people).
마이클 잭슨은 팝의 황제라고 불린다.

또는 행위자가 불특정인이거나 불확실할 때도 생략할 수 있다.

Milk should be kept in the refrigerator.
우유는 냉장고에 보관해야 한다.

A plane was hijacked this morning.
오늘 아침에 비행기 한 대가 납치됐다.

3 능동 문장의 목적어가 수동 문장의 주어가 된다.
그러면서 변하는 모양을 잘 기억해야 한다.

The aliens attacked the Earth.
→ The Earth was attacked by the aliens.
지구는 외계인에 의해 공격당했다.

- 능동태의 목적어는 수동태의 주어로, 능동태의 주어는 수동태의 행위자로 (by 목적격), 능동태의 동사는 'be 동사 + 과거분사' 로 바꾼다.

People destroyed the forest for money.
→ The forest was destroyed for money (by people).
돈을 위해 숲이 파괴되었다.

We will remember him forever.
→ He will be remembered forever (by us).
그는 영원히 기억될 것이다.

'get + 과거분사' 로 나타내는 수동태도 있다.

get은 구어체에서 be 동사를 대신할 수 있으며, 상태의 변화나 동작의 발생을 강조한다.

My wallet was stolen. = My wallet got stolen.
나는 지갑을 도둑맞았다.

He was hurt in a car accident.
= He got hurt in a car accident.
그는 차 사고로 다쳤다.

I was invited to the party. = I got invited to the party.
나는 파티에 초대받았다.

2 복잡한 문장 수동태로 만들기

MP3 강의 ▶ ▶ ▶

It was made in Korea.
→ **Where** was it made? 그것은 어디서 만들어진 건가요?

I write him a letter every day. 나는 매일 그에게 편지를 쓴다.
→ A letter **is written** to him every day by me.

I saw a car crash into a truck.
→ A car **was seen** to crash into a truck.
나는 자동차가 트럭을 들이받는 것을 보았다.

You must turn off the light when you leave the room.
→ The light must **be turned off** when you leave the room.
방을 나갈 때는 불을 꺼야 한다.

이보영의 ✳ Point

1 의문문의 수동태는 의문문 어순을 따른다.
   When were the Olympics held in Korea?
2 목적어가 두 개인 문장은 수동태도 두 가지다.
3 원형부정사는 수동태 문장에서 to 부정사로 바뀐다.
   I was made to write an apology (by my father).
4 여러 단어가 하나의 동사처럼 쓰일 수도 있다.
   I took care of my sisters.

1 의문문을 수동태로 만든다고 해도 의문문인 이상 의문문의 기본 형태를 따르게 되죠. 그러나 능동태로 써서 자연스러운 문장은 능동태로 써주는 게 좋다는 것을 기억하세요.

2 목적어가 두 개인 문장이라면 '~에게 ~을(를)' 문장을 말하는 것이겠지요? 목적어가 두 개면 수동태도 두 가지 모양이 나옵니다.

3 지각동사 또는 사역동사가 쓰인 문장은 '주어+지각(사역)동사+목적어+원형부정사'였지요. 이런 문장이 수동태가 되면 원형부정사가 to 부정사로 바뀐다는 점 꼭 기억하세요.

4 서술어 부분이 동사 하나로 되어 있지 않고 두세 단어가 붙어서 마치 하나의 동사인 양 역할을 하는 경우가 있습니다. 그런 문장을 수동태로 바꿀 때는 그 동사들을 하나의 단어처럼 묶어서 써줘야 합니다.

1 의문문의 수동태는 의문문 어순을 따른다.

의문문 어순이라면, '(의문사)+조동사 또는 be 동사+주어' 순이다.

The Olympics were held in Korea in 1988.
올림픽 경기가 1988년 한국에서 열렸다.

→ **Were the Olympics held in Korea in 1988?**
올림픽 경기가 1988년 한국에서 열렸나요?

→ **When were the Olympics held in Korea?**
올림픽 경기는 한국에서 언제 열렸나요?

2 목적어가 두 개인 문장은 수동태도 두 가지다.

두 개의 수동태가 가능한 경우는 '~에게'와 '~을(를)'이 모두 수동태 문장의 주어가 될 수 있는 경우다.

He gave me a watch. 그는 나에게 시계를 주었다.

→ **I was given a watch by him.** 나는 그에게서 시계를 받았다.

→ **A watch was given (to) me by him.**
그로부터 나에게 시계가 주어졌다.

• 자연스러운 해석을 위해서는 항상 능동태 문장처럼 이해하는 것이 좋다.

한 개의 수동태만 가능한 경우도 있다. '~을(를)'만이 수동태 문장의 주어가 될 수 있고, '~에게' 앞에는 to나 for가 온다.
buy, sell, write, send, make 등의 동사가 이에 해당된다.

He sent me a postcard. 그는 내게 엽서를 보냈다.

→ **A postcard was sent to me by him.**

She made me a pizza. 그녀는 내게 피자를 만들어 주었다.

→ **A pizza was made for me by her.**

3 원형부정사는 수동태 문장에서 to 부정사로 바뀐다.

'주어＋지각(사역)동사＋목적어＋원형부정사'의 어순은 'be 동사＋과거분사＋to부정사 ~'가 된다.

I saw someone go over the wall of my house.
나는 누군가가 우리집 담을 넘는 것을 보았다.

→ **Someone was seen to go over the wall of my house (by me).**
누군가가 우리집 담을 넘는 것이 보였다.

My father made me write **an apology.**
아버지는 내게 반성문을 쓰게 하셨다.

→ **I was made to write an apology (by my father).** 나는 반성문을 써야 했다.

4 여러 단어가 하나의 동사처럼 쓰일 수도 있다.

동사구는 하나의 단어처럼 취급해서 수동태로 바꾼다.

I took care of my sisters. 나는 동생들을 돌보았다.
→ **My sisters were taken care of by me.**

I threw away my last chance. 나는 마지막 기회를 놓치고 말았다.
→ **My last chance was thrown away.**

한 발짝 더 ☐

수동태를 쓸 수 없는 동사도 있다.

목적어를 갖는 동사지만 수동태를 쓸 수 없는 동사에는 have, cost, become, meet, resemble 등이 있다.

I have a bicycle. 나는 자전거를 가지고 있다(자전거가 있다).
 • A bicycle is had by me. (×)

He resembles his father. 그는 아버지를 닮았다.
 • His father is resembled by him. (×)

I met him on the street. 나는 길에서 그를 만났다.
 • He was met on the street by me. (×)

1 보기의 동사 가운데 하나를 골라 수동태 문장을 만드세요. (의미상 가장 적당한 단어를 선택하세요.)

> hijack, close, kill, build, invent

1. My house _was built_ a long time ago.
2. Many children _____ in the war last year.
3. A plane _____ last night.
4. I don't know when the television _____.
5. This shopping mall _____ at 8 p.m. every evening.

2 능동태 문장을 수동태로 바꾸세요.

1. My aunt raised me.
→ I was raised by my aunt.

2. He directed that film.
→

3. When did she paint it?
→

4. My mother made me practice the violin every day.
→

5. I will invite all my friends to my birthday party.
→

3 수동태 문장을 능동태로 바꾸세요.

1. I was made to clean the bathroom by my mother.
→ My mother made me clean the bathroom.

2. The dinner was prepared for us by her.
→

3. This book was originally written in English by her.
→

4. A letter was sent to me by him.
→

5. I was given a silver ring by him.
→ _____

4 **대답을 보고 수동태 문장으로 질문을 만드세요.**

1. When was the building built?
→ The building was built two years ago.

2. _____
→ I was born in Seoul.

3. _____
→ He was fired because he stole company funds.

4. _____
→ The telephone was invented more than 120 years ago.

5. _____
→ The diamond ring was found in the bathroom.

MP3 강의 CD 19

Tom and Jack are very tall. 톰과 잭은 키가 아주 크다.
Tom is taller than Jack. 톰은 잭보다 키가 더 크다.
Tom is the tallest boy in his class.
톰은 자기 반에서 키가 제일 크다.

Tom is as tall as Jack. 톰은 잭만큼 키가 크다. (서로 키가 비슷하다)

Jack is shorter than Tom. 잭은 톰보다 키가 더 작다.
Jack is smarter than Tom. 잭은 톰보다 더 똑똑하다.

이보영의 ★ Point

1 형용사/부사에는 원급 · 비교급 · 최상급이 있다.
Seoul is a large city. / Seoul is larger than Busan.
Seoul is the largest city in Korea.

2 원급으로도 비교할 수 있다.
He is as handsome as James Dean.

3 'A는 B보다 더 ~하다'를 표현하려면 than이 필요하다.
Computer games are more exciting than reading.

1 형용사와 부사를 원형 그대로 쓸 때 원급이라고 합니다. 하지만 비교하고 싶을 때 '더 ~한', '더 ~하게'라는 뜻의 비교급, 그리고 '가장 ~한', '가장 ~하게'라는 뜻의 최상급을 쓸 수 있죠. 이렇게 형용사, 부사는 원급, 비교급, 최상급 세 가지 형태를 가지고 있습니다.

2 두 가지 혹은 그 이상의 무엇을 비교하기 위해서는 비교급이나 최상급을 써주는 것이 원칙이에요. 그러나 원급을 통해서도 의미상 비교하는 문장을 만들 수 있습니다.

3 비교급을 사용하는 문장은 한마디로 'A는 B보다 더 ~하다'라는 뜻이 됩니다. 이때 '~보다'라는 뜻의 말로서 than이라는 단어가 필요하다는 것 잊지 마세요.

1 형용사/부사에는 원급 · 비교급 · 최상급이 있다.

원급, 비교급, 최상급의 쓰임을 익혀 두자.

Seoul is a large city.
서울은 큰 도시다.

Seoul is larger than Busan.
서울은 부산보다 크다.

Seoul is the largest city in Korea.
서울은 한국에서 제일 큰 도시다.

He speaks slowly.
그는 천천히 말을 한다.

Please speak more slowly.
좀 더 천천히 말씀해 주세요.

He speaks (the) most slowly in his class.
그는 자기 반에서 제일 느리게 말을 한다.

2 원급으로도 비교할 수 있다.

'~ as 원급 as ~' 는 '~만큼 ~한' 이란 뜻이다.

He is as handsome as James Dean.
그는 제임스 딘만큼 잘 생겼다.

I love him as much as you (do).
나도 당신(이 그를 사랑하는)만큼 그를 사랑한다.

- love를 대신하는 do 동사는 생략 가능하지만 비교하는 내용을 정확히 해
  주기 위해서는 써줄 수도 있다.

3 'A는 B보다 더 ~하다' 를 표현하려면 than이 필요하다.

'A 비교급 than B' 는 'A가 B보다 더 ~하다' 란 뜻이다.

Computer games are more exciting than reading.
컴퓨터 게임이 독서보다 더 재미있다.

Reading is more helpful than computer games.
독서가 컴퓨터 게임보다 더 유용하다.

She is prettier than (she was) before.
그녀는 전보다 더 예쁘다.

- than 이하에서 중복되는 말은 생략하는 것이 원칙.

Prices this year are higher than those from last **year.** 올해의 물가는 작년 물가보다 높다.

Prices this year are higher than last year. (×)

> • 비교의 대상은 문법적으로 동등해야 한다.

비교급을 강조할 때 much/even/far/still/a lot 등을 쓸 수 있다. 뜻은 '훨씬 더 ~한'이 된다.

You look much better **today.** 오늘 훨씬 더 좋아 보이는군요.

The damage was far more serious **than I thought.** 손해는 내가 생각했던 것보다 훨씬 심각했다.

한 발짝 더 ☐

비교급/최상급 만들기

일반적으로 원급에 -(e)r / -(e)st를 붙인다.

long - longer - longest / large - larger - largest
tall - taller - tallest / short - shorter - shortest
big - bigger - biggest / thin - thinner - thinnest
happy - happier - happiest / easy - easier - easiest

> • '짧은 모음+자음'으로 끝날 경우: 자음을 추가
> • -y로 끝날 경우: -i로 바꾼다.

3음절 이상 또는 대부분의 2음절어는 more / most를 붙인다.

beautiful - more beautiful - most beautiful
slowly - more slowly - most slowly
expensive - more expensive - most expensive

몇몇 2음절어는 두 가지 형태가 모두 가능하다.

clever - cleverer/more clever - cleverest/most clever
simple - simpler/more simple - simplest/most simple
quiet - quieter/more quiet - quietest/most quiet

2 알아 두면 유용한 비교 표현들

MP3 강의 ▶ ▶ ▶

He is the fastest runner in his school.
그는 자기 학교에서 가장 빠른 달리기 선수다.

He can run the fastest of us all.
그는 우리 모두 중에서 가장 빨리 달릴 수 있다.

I spent not more than 100,000 won last month.
나는 지난달에 기껏해야 10만 원을 썼을 뿐이다.

I spent no more than 100,000 won last month.
나는 지난달에 겨우 10만 원을 썼다.

No one can be so smart as him.
누구도 그 사람만큼 똑똑하진 못하다.

He is as smart as any man in the world.
그는 세상 누구 못지않게 똑똑하다.

이보영의 ★ Point

1 최상급은 '가장 ~한'이란 뜻이다.
I am the oldest daughter in my family.

2 형태는 비슷하지만 의미가 다른 비교급을 주의해야 한다.
I have not more than 10 CDs. / I have no more than 10 CDs.

3 원급이나 비교급으로 최상급을 나타낼 수도 있다.
He is as great an actor as ever lived.

1 최상급이란 세 개 이상을 비교하여 '가장 ~한'이라는 의미로 the를 붙이는 것이 원칙이지만 예외가 있다는 것도 알아 두시기 바랍니다.

2 비교급 표현 중에는 형태가 비슷해 보이는 것들이 있는데 그 의미의 차이를 잘 이해해야 합니다. not more than과 no more than, not less than과 no less than이 대표적인 예라고 할 수 있어요.

3 최상급 표현을 쓸 때 반드시 형용사/부사의 최상급을 써야만 하는 것은 아닙니다. 원급이나 비교급을 쓰면서도 의미상으로는 최상급을 표현하는 경우도 있습니다.

1 최상급은 '가장 ~한' 이란 뜻이다.

최상급 뒤에는 어떤 범위가 나온다. 예를 들면, '(the) 최상급 + in 장소/범위(단수)'의 형태로 뜻은 '~에서 가장 ~한' 이 된다.

I am the oldest daughter in my family.
나는 우리집에서 장녀다.

'(the) 최상급 + of 비교의 대상(복수)'은 '~ 중에서 가장 ~한' 이 된다.

This is the finest of all his pictures.
이것이 그의 그림들 중에서 가장 훌륭하다.

최상급에 the가 붙지 않는 경우도 있다.

What kind of food do you like (the) best?
어떤 음식을 가장 좋아하세요?

- 부사의 최상급일 때는 the를 생략할 수 있다. best는 동사 like를 꾸며 주는 부사로 쓰고 있다.

She is my best friend. 그녀는 나의 가장 친한 친구다.

- 최상급 앞에 소유격이 올 때.

2 형태는 비슷하지만 의미가 다른 비교급을 주의해야 한다.

not more than~(= at (the) most)은 '기껏해야, 많아야 (그 이하일 수도 있다는 뜻)', no more than~(= only)은 '겨우, 단지 (딱 그만큼이라는 뜻)'

I have not more than 10 CDs. 나는 기껏해야 10장의 CD를 가지고 있다.
= I don't have any more than 10 CDs.
= I have 10 CDs at the most.

I have no more than 10 CDs. 나는 겨우 10장의 CD를 가지고 있다.
= I have only 10 CDs.

not less than~(=at (the) least)은 '적어도 (그 이상일 수도 있다는 뜻)', no less than~(= as~as)은 '~만큼'

I have not less than 500 CDs. 나는 적어도 500장의 CD를 가지고 있다.
= I don't have any less than 500 CDs.
= I have 500 CDs at least.

I have no less than 500 CDs. 나는 CD를 500장이나 가지고 있다.
= I have as many as 500 CDs.

3 원급이나 비교급으로 최상급을 나타낼 수도 있다.

원급으로 최상급을 표현한다.

He is as great an actor as ever lived.
그는 지금까지 살았던 어느 배우 못지않게 훌륭하다.

- as ~ as ever + 동사: 지금까지 ~한 ~에 못지않게 ~한

비교급으로 최상급 표현

He is more popular than any other singer in Korea. 그는 한국의 다른 어떤 가수보다도 인기가 있다.

- 비교급 + than any other 단수명사

He is more popular than all the other singers in Korea. 그는 한국의 다른 모든 가수들보다도 인기가 있다.

- 비교급 + than all the other 복수명사

한 발짝 더 □

주의해야 할 비교급/최상급의 형태

good/well-better-best   bad/badly/ill-worse-worst
many/much-more-most   little-less-least
few-fewer-fewest

far-farther-farthest(거리, 공간)   far-further-furthest(시간, 정도)
old-older-oldest (나이, 신구)   old-elder-eldest(나이)
late-later-latest(시간)   late-latter-last(차례)

I was not well yesterday. I feel better today.
어제는 몸이 안 좋았는데, 오늘은 좀 좋아졌다.

I can walk no farther. 더 이상은 못 걷겠다.

I know nothing further about it. 난 그것에 대해 더 이상은 모른다.

Mary is older than me. She is my elder(older) sister.
메리는 나보다 나이가 많다. 그녀는 나의 언니다.

See you later. 나중에 보자.

I prefer the latter to the former. 나는 전자보다 후자가 더 좋다.

1 보기의 형용사 또는 부사 가운데 하나를 골라 비교 형태로 문장을 완성하세요.

> tall, slowly, big, good, beautiful, high, cheap, young, expensive

1. You speak too fast. Please speak _more slowly_.
2. Tom is very tall. He may be _____ boy in his class.
3. Everybody says Mary is beautiful. But I think Jane is _____ than her.
4. I was very tired yesterday, but I feel _____ now since I got much sleep last night.
5. I couldn't buy that car because it was _____ than I thought.
6. What kind of movie do you like _____?
7. Mt. Everest is _____ mountain in the world.
8. My youngest sister is 4 years _____ than me.
9. I decided to buy a used car because it was much _____ than a new one.
10. This jacket is too small for me. I need a _____ one.

2 보기의 형용사 또는 부사 가운데 하나를 골라 비교 형태로 문장을 완성하세요. (모양이 완전히 변하는 형용사, 부사로 주의하세요.)

> good/well, bad/ill, many/much, late, few, little, far

1. "I am not feeling well today." - "Why don't you eat something? You'll feel _better_ then."
2. I went shopping yesterday. The shopping mall was _____ crowded than usual because it was Monday.
3. I can't do it now. I will do it _____ when I have time.
4. His state of health was _____ than I thought. He may have to go into a hospital.
5. _____ people read the classics today than before because they think the classics are boring.
6. The movie wasn't that exciting at the beginning, but the _____ half was good.
7. He was elected president of the club because he got the _____ votes.

8. Please wait until I give _____ notice.

9. You have to stop smoking. That's the _____ thing for your health.

10. This car is too expensive. We need _____ money if we want to buy it.

3 주어진 문장을 보고, 밑줄에 알맞은 말을 넣어 비교 문장을 완성하세요.

1. Jane is very smart. Mary is very smart, too, like Jane.
   → Mary is as smart as Jane.

2. The damage was very serious. I didn't expect the damage to be that serious.
   → The damage was _____ than I thought.

3. I've known Jane since childhood. We are very close to each other.
   → Jane is my _____ friend.

4. He is a very funny man. I've never seen a man who is funnier than him.
   → He is _____ man that I've ever met.

5. She is the most popular actress in Korea.
   → She is _____ than any other actress in Korea.

MP3 강의 CD 20

If it rain tomorrow, the game will be canceled.
→ If it rains tomorrow, the game will be canceled.
내일 비가 온다면 경기는 취소될 것이다.

If I had enough money, I could buy a new computer.
내게 돈이 충분히 있다면 새 컴퓨터를 살 수 있을 텐데.
→ As I don't have enough money, I can't buy a new computer. 나는 돈이 충분하지 않아서 새 컴퓨터를 살 수가 없다.

이보영의 ★ Point

1 가정법은 무엇인가를 가정해서 말하거나 소망을 나타낸다.
2 가정법 현재는 현재나 미래의 불확실한 상황을 가정한다.
   If I win the lottery, I will give you one million won.
3 가정법 과거란 현재 사실의 반대 상황을 가정한다.
   If I were a millionaire, I could buy you anything that you wanted.
4 가정법 과거는 현재동사를 써 직설법으로 나타낼 수 있다.
   As I am not a millionaire, I can't buy you anything that you want.

1 있는 그대로를 말하는 것을 직설법이라고 하죠. 하지만 뭔가를 가정해서 말하거나 소망을 나타내기도 하는데, 이를 가정법이라고 합니다.

2 가정법 현재는 현재나 미래에 대한 불확실한 상황을 가정하여 말하는 경우에 씁니다. 그러나 현실적으로 가정법 현재의 원칙은 잘 지켜지지 않고 있습니다. 가정법 현재의 원칙인 If절의 '동사원형'은 주어에 따라 동사의 현재형으로 변화해서 직설법으로 나타내는 것이 보통이죠.

3 가정법 과거에서 가장 주의할 점은 이것이 과거의 일이 아니라는 점입니다. 가정법 과거의 If절에 동사의 과거형이 쓰여서 '가정법 과거'라고 부르지만, 이것은 사실 현재 사실의 반대 상황을 가정하거나 상상하는 것을 나타내기 위해 그렇게 쓰고 있는 것뿐입니다.

4 가정법 과거는 사실은 현재의 상황을 말하는 것이죠. 그러므로 현재동사를 써서 직설법으로 말할 수 있죠. If절과 주절에 나와 있는 상황을 반대로 풀어서 쓰면 됩니다.

1   가정법은 무엇인가를 가정해서 말하거나 소망을 나타낸다.

가정법은 'If + 주어 + 동사원형~, 주어 + will(shall/can/may) + 동사원형~' 어순으로 쓰인다. '만약 ~라면 ~할 것이다' 란 뜻이 된다.

If I win the lottery, I will give you one million won.
내가 복권에 당첨되면 너에게 백만 원을 주겠다.

If you be not satisfied with my report, I will rewrite it.
제 보고서가 마음에 안 드신다면 다시 쓰겠습니다.

2   가정법 현재는 현재나 미래의 불확실한 상황을 가정한다.

If 뒤에 주어와 현재형 동사가 쓰이면 '직설법 현재' 고, If 뒤에 주어와 동사원형이 쓰이면 '가정법 현재' 가 된다.

If I win the lottery, I will give you one million won. 내가 복권에 당첨되면, 백만 원을 줄 것이다.

If you are not satisfied with my report, I will rewrite it. 네가 내 리포트에 만족하지 않으면 다시 쓸 것이다.

3   가정법 과거란 현재 사실의 반대 상황을 가정한다.

'If + 주어 + 과거형 동사 ~, 주어 + would(should/could/might) + 동사원형~' 순서로 쓰인다. '만약 ~라면 ~할 텐데' 란 뜻이 된다. 현재 사실의 반대 상황을 가정한다.

If I were a millionaire, I could buy you anything that you wanted.
내가 백만장자라면 네가 원하는 것을 뭐든지 사줄 수 있을 텐데.

- If절에서 be 동사는 언제나 were가 쓰이는 것이 원칙이지만 구어체에서는 주어에 따라 was가 쓰이기도 한다.

If I didn't know the truth, I would believe what you said.
내가 진실을 모른다면 네가 말한 걸 믿을 텐데.

4   가정법 과거는 현재동사를 써서 직설법으로 나타낼 수 있다.

가정법 과거는 현재 사실의 반대이므로 '반대되는 동사' 를 써서 직설법 현재형으로 쓸 수 있다.

213

If I were a millionaire, I could buy you anything that you wanted.

→ **As I am not a millionaire, I can't buy you anything that you want.**

나는 백만장자가 아니라서 네가 원하는 걸 다 사줄 수는 없다.

If I didn't know the truth, I would believe what you said.

→ **As I know the truth, I don't believe what you said.**

나는 진실을 알기 때문에 네가 한 말을 믿지 않는다.

한 발짝 더 □

직설법과 가정법 과거 속의 If

If he is in the office, I will give him your message.
그가 사무실에 있으면 당신의 말을 전해드리죠.

• 사무실에 있는지 없는지 확실하지 않다.

If he were in the office, I would give him your message.
그가 사무실에 있다면 당신의 말을 전해줄 수 있을 텐데요.

• 그는 지금 사무실에 없다.

If she drops by my office today. I will let you know.
(I don't know if she will drop by my office today or not.)
그녀가 오늘 내 사무실에 들르면 당신에게 알려드리죠.

If I knew where she is, I would let you know.
(I don't know where she is.)
그녀가 어디 있는지 알고 있다면 당신에게 알려줄 텐데요.

2 조금 복잡한 가정법까지 끝내기

MP3 강의 ▶▶▶

If I had been **there**, I could have helped **you**.
내가 거기 있었더라면 널 도와줄 수 있었을 텐데.

→ As I was not **there**, I couldn't help **you**.
내가 거기 없었기 때문에 널 도울 수가 없었다.

If you should do it again, I will never forgive you.
또 그런 짓을 하면 결코 널 용서하지 않겠다.

I wish I were a magician. 내가 마술사라면 좋겠다.

He talks as if he knew everything.
그는 마치 모든 걸 다 아는 것처럼 말한다.

Without air, all living things would die.
공기가 없으면 모든 생물은 죽을 것이다.

이보영의 ★ Point

1 가정법 과거완료는 '과거' 사실의 반대 상황을 가정한다.
If he had not fallen down, he would have come in first.

2 가정법 미래는 거의 일어나지 않을 일을 가정한다.
If you should become a singer, I will give you my car.

3 If로 시작하지 않는 가정법도 있다.
I wish I could see you again.

1 가정법 과거완료도 이름 그대로 이해하면 안 됩니다. If절에 과거완료 시제가 쓰여서 가정법 과거완료라고 부르지만 사실은 '과거 사실의 반대'를 표현하기 위함이라는 점 꼭 기억해 두세요.

2 가정법 미래라면 If절에 미래형 동사가 쓰일까요? 그렇진 않습니다. 가정법 현재가 현재나 미래에 대한 불확실한 상황을 가정하는 것이라면, 가정법 미래는 일어날 가능성이 별로 없다고 생각하는 일을 가정할 때 쓰는 어법이랍니다.

3 가정법에 반드시 If절이 들어가야 하는 건 아닙니다. '~라면 좋겠다'라는 뜻의 I wish ~, '마치 ~인 것처럼'이라는 뜻의 as if ~ (또는 as though ~), '~가 없다면'이라는 뜻의 without 등도 가정법을 나타낼 수 있는 표현이니 꼭 기억해 두세요.

1
가정법 과거완료는 '과거' 사실의 반대 상황을 가정한다.

가정법 과거완료 어순은 'If + 주어 + had 과거분사 ~, 주어 + would /should/could/might + have 과거분사 ~'다. '만약 ~였다면 ~했을 것이다'라는 뜻이 된다. 즉, 과거 사실의 반대 상황을 가정한다.

If he has not fallen down, he would have come in first.
그는 넘어지지 않았다면 1등으로 들어왔을 것이다.

→ **As he fell down, he didn't come in first.**
그는 넘어졌기 때문에 1등으로 들어오지 못했다.

If you had taken my advice, you could have made a lot of money.
내 충고를 받아들였더라면 너는 큰돈을 벌었을 것이다.

→ **As you didn't take my advice, you couldn't make a lot of money.**
너는 내 충고를 받아들이지 않았기 때문에 큰돈을 벌지 못했다.

2
가정법 미래는 거의 일어나지 않을 일을 가정한다.

가정법 미래의 어순은 'If + 주어 + should 동사원형 ~, 주어 + 동사(동사는 제한 없음) ~'다. '만약 ~라면'이란 뜻으로, 일어날 가능성이 별로 없다고 생각되는 일을 가정한다.

If you should become a singer, I will give you my car. 만약 네가 가수가 된다면 너에게 내 차를 주겠다.

'If + 주어 + were to 동사원형 ~, 주어 + would/should/could/might 동사원형 ~' 순으로 쓰이면, '만약 ~라면 ~할 것이다'란 뜻이 된다. 거의 실현 불가능한 일을 가정할 때 쓴다.

If I were to be born again, I would become president. 내가 다시 태어난다면 대통령이 될 것이다.

3
If로 시작하지 않는 가정법도 있다.

'I wish + 주어 + 과거형 동사'는 '~라면 좋을 텐데'란 뜻. 현재 또는 미래의 실현될 것 같지 않은 소망을 표현한다.

I wish I could see you again. 너를 다시 볼 수 있다면 좋으련만.

'I wish + 주어 + had 과거분사 ~' '~했더라면 좋았을 텐데'란 뜻.

과거에 이루지 못한 일에 대한 아쉬움을 표현한다.

I wish you had called me yesterday.
네가 어제 내게 전화했더라면 좋았을걸.

'as if(though) + 주어 + 과거형 동사'는 '마치 ~인 것처럼'의 뜻.

He acts as if he were a prince.
그는 마치 왕자인 것처럼 행동한다.

'as if(though) + 주어 + had 과거분사'는 '마치 ~였던 것처럼'의 뜻.

He talks as if he had known nothing about that.
그는 마치 그 일에 대해 아무것도 몰랐다는 듯이 말을 한다.

Without(But for) ~, 가정법 과거 또는 과거완료의 주절은 '~가 없다면 ~할 것이다' 또는 '~가 없었다면 ~했을 것이다'란 뜻.

Without your help, I could not have finished this project.
너의 도움이 없었더라면 나는 이 프로젝트를 끝내지 못했을 거야.

한 발짝 더 ☐

직설법과 가정법 미래 속의 If

If it snows tomorrow, the plane will be canceled.
내일 눈이 온다면 비행기는 취소될 것이다.

• 단순히 미래의 일을 가정하고 있다.

If it should snow tomorrow, the plane would be canceled.
내일 만약 눈이 온다면 비행기는 취소될 것이다.

• 눈이 오지 않을 것이라는 확신을 가지고 있다.

If you meet him again, what will you say to him? (I don't know if you will meet him again or not.)
그를 다시 만나면 그에게 무슨 말을 할 건가요?

If you should meet him again, what would you say to him? (I don't think you will meet him again.)
만약에 그를 다시 만난다면 그에게 무슨 말을 할 건가요?

1 괄호 속의 동사를 알맞은 모양으로 바꿔 가정법 문장을 만들어 보세요.

1. I don't know if she needs my help, but if she _asks_ me, I will help her. (ask)

2. If I _____ you, I wouldn't believe him. (be)

3. If I _____ he was in the hospital, I would have visited him. (know)

4. I don't know if it will rain tomorrow. If it _____ tomorrow, I will cancel the picnic. (rain)

5. If it _____ yesterday, we could have climbed the mountain. (not rain)

6. I don't have enough money. If I _____ enough money now, I could buy a new car. (have)

7. If I _____ you then, I would have said hello. (see)

8. I don't know where he is now. If I _____, I would tell you. (know)

9. If you _____ near my house, I would see you more often. (live)

10. I won't fail again. If I _____ again, I will give up everything. (fail)

2 주어진 문장을 가정법 문장으로 바꿔 보세요.

1. He wanted to become a basketball player. But he couldn't because he was not very tall.

   → If he _had been_ tall enough, he could _have become_ a basketball player.

2. I don't know where she is, so I can't give your message to her.

   → If I _____ where she was, I _____ your message to her.

3. I wanted to see you at the party. But I didn't go there because I had work to do.

   → If I _____ not _____ work to do, I could have come and seen you at the party.

4. I can't leave the office now because I have an appointment.

   → If I _____ not _____ an appointment, I could leave the office now.

5. I want to go camping this weekend. But I am not sure if it will rain or not then.

   → If it _____ not _____ this weekend, I will go camping.

3 밑줄을 채워 가정법 문장을 완성하세요.

1. I don't have a car now, but I hope to have one.

   → I wish I _had_ a car.

2. I could succeed in my life thanks to his advice.

   → _____ his advice, I would have failed in my life.

3. I wanted you to come to the party, but you didn't.

   → I wish you _____ to the party.

4. I want to eat something, but I can't because I have a stomachache.

   → I wish I _____ something.

5. He says that he knows everything about that, but actually he knows nothing.

   → He talks _____ he knew everything about that.

정답 및 해설

1 1. asks 2. were 3. had known 4. rains 5. had not rained 6. had 7. had seen 8. knew 9. lived 10. should fail

1. 나는 그녀가 나의 도움을 필요로 하는지 모른다. 그러나 내게 요청한다면 난 그녀를 도울 것이다. 2. 내가 너라면 나는 그를 믿지 않겠다. 3. 그가 병원에 있다는 걸 알았더라면 병문안을 가봤을 텐데. 4. 내일 비가 올지는 모르겠다. 만약 내일 비가 온다면 나는 소풍을 취소하겠다. 5. 어제 비가 오지 않았더라면 우리는 등산을 했을 텐데. 6. 나는 돈이 충분치가 않다. 돈이 충분하다면 새 차를 살 수 있을 텐데. 7. 내가 그때 널 봤더라면 인사를 했을 것이다. 8. 나는 그가 어디에 있는지 모른다. 알고 있다면 네게 말해줄 텐데. 9. 네가 우리집 가까이에 산다면 좀 더 자주 널 볼 텐데. 10. 난 또다시 실패하진 않을 것이다. 만약에 다시 실패한다면 나는 모든 걸 포기하겠다.

2 1. had been/have become 2. knew/could give 3. had/had 4. did/have 5. does/rain

1. 그는 농구선수가 되고 싶었다. 그러나 그는 키가 그리 크지 않아서 선수가 되지 못했다. → 그는 키가 컸더라면 농구선수가 될 수 있었을 것이다. 2. 저는 그녀가 어디에 있는지 모릅니다. 그래서 당신의 메시지를 전해 줄 수가 없어요. → 그녀가 어디에 있는지 안다면 제가 당신의 메시지를 전해 줄 수 있을 텐데. 3. 널 파티에서 만나고 싶었다. → 내게 할 일이 없었더라면 파티에 가서 널 만날 수 있었을 텐데. 4. 나는 지금 약속이 있어서 퇴근을 할 수가 없다. → 약속이 없다면 난 지금 퇴근을 할 수 있을 텐데. 5. 나는 이번 주말에 캠핑을 가고 싶다. 그러나 그때 비가 올지 안 올지 잘 모르겠다. → 이번 주말에 비가 안 온다면 난 캠핑을 갈 것이다.

3 1. had 2. But for 3. had come 4. could eat 5. as if(though)

1. 나는 지금 차가 없지만 한 대 갖고 싶다. → 차 한 대 있으면 좋겠다. 2. 나는 그의 조언 덕택에 인생에서 성공할 수 있었다. → 그의 조언이 없었다면 나는 인생에서 실패했을 것이다. 3. 나는 네가 파티에 오길 바랐지만 넌 오지 않았다. → 네가 파티에 왔으면 좋았을걸. 4. 나는 뭔가를 먹고 싶지만 배탈이 나서 먹을 수가 없다. → 나는 뭔가 먹을 수 있으면 좋겠다. 5. 그는 그것에 대해 모든 걸 안다고 말한다. 그러나 사실 그는 아무것도 모른다. → 그는 마치 그것에 대해 모든 걸 아는 것처럼 말한다.

1 unless ~
만약 ~가 아니라면

I'll come to your party unless I have to work.
일을 해야 하는 경우가 아니라면 (해야 할 일이 없으면), 네 파티에 가도록 할게.

> 접속사 unless는 'unless에 딸린 절의 경우가 아니라면' 이라는 뜻으로서 '별로 그럴 일이 없겠지만' 이라는 뜻이 들어가 있다.

I won't call you unless there's a change in our plan.
우리 계획에 변화가 있는 경우가 아니라면 (변동사항이 없으면) 전화 안 할게.

We'll have a meeting here unless we hear otherwise.
달리 듣는 말이 있는 게 아니라면 (달리 연락이 없으면) 우린 여기서 회의를 하게 될 거야.

2 in case ~
만약 ~인 경우에는, ~인 경우에 대비하여

In case you need some help, give me a call.
도움이 필요하거든 전화해요.

> in case는 if ~보다 구어적인 의미로서 '만약 ~인 경우', '~인 경우에 대비해서' 라는 뜻을 나타낸다.

In case you see a stranger around here, report it to the police.
이 근처에서 낯선 사람을 보면 경찰에 신고하세요.

Take this money in case you run short of cash.
현금이 부족할지 모르니 이 돈을 가져가렴.

Take your umbrella in case it rains.
비가 올지도 모르니 우산을 가져가렴.

3 however (= no matter how) + 형용사 (부사)

아무리 '형용사(부사)' 한(하게)

However hard you may try, you can't do all those things in a day.

네가 아무리 열심히 노력해도 하루에 그 모든 것을 다 할 수는 없다.

however는 '아무리'라는 뜻의 부사로서 뒤에 형용사 또는 다른 부사가 올 수 있다. 그 뒤에 '주어+동사'가 이어져 '주어가 아무리 ~하더라도' 또는 '아무리 ~하게 ~하더라도'라는 뜻을 나타낸다.

I'm leaving today however bad the weather may be.

날씨가 아무리 나쁘더라도 나는 오늘 떠날 것이다.

No matter how smart he is, he couldn't solve this problem.

그가 아무리 똑똑하다 해도 이 문제는 풀 수 없을 것이다.

4 whatever (= no matter what) ~

아무리 ~하더라도

Whatever you say, I believe her.

네가 무슨 말을 하든 나는 그녀를 믿는다.

• whatever가 say의 목적어로 쓰인 경우

whatever는 대명사로 주어 또는 목적어로 쓸 수 있으며, 형용사로서 뒤에 명사가 올 수도 있다. 그 뜻은 '무엇이든' 또는 '어떤 ~이든'으로 해석한다.

Whatever happens, I will go there.

무슨 일이 있어도 나는 거기에 가겠다.

• whatever가 happens의 주어로 쓰인 경우

Whatever excuse you make, we can't accept it.

네가 어떤 변명을 해도 우리는 그걸 받아들일 수 없다.

• whatever가 excuse를 꾸며 주는 형용사로 쓰인 경우

5 주어 + be made from + 명사
'주어'는 '명사'로 만들어진다

Wine is made from grapes.
포도주는 포도로 만든다.

주어의 재료를 나타내는 '명사'의 모양이나 성질이 변하는 경우에는 주로 from을 쓴다.

Cheese is made from milk. 치즈는 우유로 만들어진다.

6 주어 + be made (out) of + 명사
'주어'는 '명사'로 만들어진다

Tires are made of rubber.
타이어는 고무로 만든다.

성질이 변하지 않는 경우에는 from 대신 (out) of를 쓴다.

This chair is made of wood. 이 의자는 나무로 만든 것이다.

7 as 부사(형용사) as possible
= as 부사(형용사) as 주어 can
가능한 한 '부사(형용사)' 하게

Please send me the package as soon as possible (= as soon as you can).
가능한 한 빨리 그 짐을 저한테 보내 주세요.

possible은 '가능한 한'이란 뜻으로 이 패턴은 '가능한 한' 또는 '되도록 ~하게'라는 표현이 된다.

He tried to get there as early as he could (= as early as possible). 그는 가능한 한 일찍 거기에 도착하려고 노력했다.

He drove his car as fast as possible (= as fast as he could). 그는 가능한 한 빨리 차를 몰았다.

8 as(so) long as~

~만큼 오래, ~인 한, ~인 이상, ~이므로

You can stay here with me as long as you want to.

당신이 원하는 만큼 여기서 나와 함께 있어도 돼.

> as long as는 '~만큼의 기간 동안'이라는 뜻 외에 '~인 이상', '~하는 이
> 상'이라는 조건의 의미를 나타낸다. 이때 주절의 주어는 태도나 상황을 바꿀
> 의향이 있다는 것을 내포하고 있다.

As long as you think like that, I can't forgive you.

네가 그런 식으로 생각하는 이상 나는 널 용서할 수가 없다.

- I는 you의 행동에 따라 태도를 바꿀 수 있다는 뜻

So long as you don't apologize to me, I will never see you again.

네가 나에게 사과를 하지 않는 이상 나는 다시는 널 만나지 않겠다.

9 one of the + 최상급 + 복수명사

가장 ~한 것 중의 하나

She is one of the most famous poets in the world.

그녀는 세계에서 가장 유명한 시인들 중 한 명이다.

> '가장 ~한 것 중의 하나'라는 이 패턴은 '가장 ~한 것'이라는 최상급 표현을
> 완곡하게 말하는 표현이다.

He was one of the greatest kings in Korean history.

그는 한국 역사상 가장 위대한 왕이었다.

He is one of the most popular actors in the world.

그는 세계에서 가장 인기 있는 배우 중 한 명이다.

핵심 문장 자동암기 트레이닝

◆ **DAY 01~20**

핵심 문장을 반복해서 듣고 말하는 트레이닝을 통해 말하기 연습으로 최종 마무리하겠습니다. 말하기에 필요한 문법을 확실하게 익힙시다.

DAY 01

Step 1

먼저 한글 해석에 맞게 빈칸에 들어갈 말을 적어 보세요.
MP3를 들으며 정답을 확인하고 세 번씩 말해 보세요.

√ 1 2 3

1 날이 어두워지고 있다.

It's _____ dark.

√ 1 2 3

2 나는 그것이 어렵다는 것을 알았다.

I found it _____.

√ 1 2 3

3 그것은 좋은 냄새가 난다.

It _____ good.

√ 1 2 3

4 나는 그에게 엽서를 보냈다.

I _____ him a postcard.

√ 1 2 3

5 나는 그가 방에 들어가는 것을 보았다.

I _____ him enter the room.

Step 2

주어진 힌트를 참고하여 한글 해석에 맞게 문장을 영작해 보세요.
MP3를 들으며 올바른 문장을 확인하고 세 번씩 말해 보세요.

√ 1 2 3

1 나에게 네 차를 좀 빌려주겠니?
your car / can / you / me / lend

_____ ?

√ 1 2 3

2 나는 그녀에게 꽃다발을 보냈다.
sent / flowers / I / her / a bunch of

_____ .

√ 1 2 3

3 내가 너에게 좋은 책을 골라 줄게.
you / I / will choose / a good book / for

_____ .

√ 1 2 3

4 그의 음악은 나를 편안하게 만든다.
me / relaxed / his music / makes

_____ .

√ 1 2 3

5 그는 나에게 신발 한 켤레를 사 주었다.
bought / a pair of shoes / he / me

_____ .

Step 1

먼저 한글 해석에 맞게 빈칸에 들어갈 말을 적어 보세요.
MP3를 들으며 정답을 확인하고 세 번씩 말해 보세요.

✓ 1 2 3

1 그녀는 아주 똑똑하다.

_____ very smart.

✓ 1 2 3

2 나는 지금 내 방에 있다.

I _____ in my room now.

✓ 1 2 3

3 메리는 일요일마다 쇼핑을 하러 간다.

Mary _____ shopping on Sundays.

✓ 1 2 3

4 메리는 일주일에 세 시간 프랑스어 공부를 한다.

Mary _____ French three hours a week.

✓ 1 2 3

5 내 생일이 곧 다가온다.

My birthday is _____ soon.

Step 2

주어진 힌트를 참고하여 한글 해석에 맞게 문장을 영작해 보세요.
MP3를 들으며 올바른 문장을 확인하고 세 번씩 말해 보세요.

√ 1 2 3

1 그는 우리와 함께 일하고 있다.
is working / with us / he

_____.

√ 1 2 3

2 넌 왜 변호사가 되고 싶어 하니?
want to / you / be a lawyer / why / do

_____ ?

√ 1 2 3

3 그녀는 부엌에 있다.
is / in the kitchen / she

_____.

√ 1 2 3

4 우리 오빠는 TV에서 운동경기만 본다.
on TV / my brother / only / sports / watches

_____.

√ 1 2 3

5 그녀는 매일 일기를 쓴다.
every day / she / in her diary / writes

_____.

DAY 03

Step 1

먼저 한글 해석에 맞게 빈칸에 들어갈 말을 적어 보세요.
MP3를 들으며 정답을 확인하고 세 번씩 말해 보세요.

√ 1 2 3

1 그는 학교에 간다.

He _____ to school.

√ 1 2 3

2 우리 가족은 모두 건강하다.

My family _____ all healthy.

√ 1 2 3

3 나는 은행에서 일한다.

I _____ at a bank.

√ 1 2 3

4 그들은 한국인이다.

They _____ Korean.

√ 1 2 3

5 우리는 아주 열심히 일한다.

We _____ very hard.

Step 2

주어진 힌트를 참고하여 한글 해석에 맞게 문장을 영작해 보세요.
MP3를 들으며 올바른 문장을 확인하고 세 번씩 말해 보세요.

√ 1 2 3

1 아무도 암호를 모른다.
the password / knows / no one

_____.

√ 1 2 3

2 너 아니면 제인이 틀렸다.
wrong / either / you or Jane / is

_____.

√ 1 2 3

3 이 반의 모든 남학생이 메리를 좋아한다.
in this class / likes / every boy / Mary

_____.

√ 1 2 3

4 메리와 제인은 좋은 친구다.
friends / are / Mary and Jane / good

_____.

√ 1 2 3

5 5년은 기다리기에 긴 시간이다.
to wait / five years / a long time / is

_____.

DAY 04

먼저 한글 해석에 맞게 빈칸에 들어갈 말을 적어 보세요.
MP3를 들으며 정답을 확인하고 세 번씩 말해 보세요.

√ 1 2 3

1 나는 영화를 좋아한다.

I _____ movies.

√ 1 2 3

2 그녀는 지금 일을 하고 있다.

She is _____ now.

√ 1 2 3

3 그녀는 오늘 수업이 있다.

She _____ class today.

√ 1 2 3

4 나는 커피를 자주 마신다.

I _____ coffee very often.

√ 1 2 3

5 나는 지금 편지를 쓰고 있다.

I am _____ a letter now.

Step 2

주어진 힌트를 참고하여 한글 해석에 맞게 문장을 영작해 보세요.
MP3를 들으며 올바른 문장을 확인하고 세 번씩 말해 보세요.

√ 1 2 3

1 그는 버스를 기다리고 있다.
for a bus / is waiting / he

_____ .

√ 1 2 3

2 나는 어제 도서관에서 그를 보았다.
saw / yesterday / I / in the library / him

_____ .

√ 1 2 3

3 그때 그는 누군가와 얘기를 하고 있었다.
someone / he / to / then / was talking

_____ .

√ 1 2 3

4 나는 오늘 아침 일찍 조깅을 하고 있었다.
was jogging / I / this morning / early

_____ .

√ 1 2 3

5 나는 지난주에 컴퓨터를 샀다.
a computer / bought / I / last week

_____ .

DAY 05

Step 1

먼저 한글 해석에 맞게 빈칸에 들어갈 말을 적어 보세요.
MP3를 들으며 정답을 확인하고 세 번씩 말해 보세요.

√ 1 2 3

1 나는 숙제를 다 끝냈다.

I have _____ my homework.

√ 1 2 3

2 나는 방금 아침을 먹었다.

I've just _____ breakfast.

√ 1 2 3

3 기차가 막 떠났다.

The train has just _____.

√ 1 2 3

4 그녀는 뉴욕으로 떠났다.

She has _____ to New York.

√ 1 2 3

5 그녀는 전에 〈햄릿〉을 읽은 적이 있다.

She has _____ *Hamlet* before.

Step 2

주어진 힌트를 참고하여 한글 해석에 맞게 문장을 영작해 보세요.
MP3를 들으며 올바른 문장을 확인하고 세 번씩 말해 보세요.

√ 1 2 3

1 그는 세 시간째 TV를 보고 있다.

watching TV / has been / he / for three hours

_____ .

√ 1 2 3

2 그는 10년째 나의 고객이다.

for ten years / my client / he / has been

_____ .

√ 1 2 3

3 나는 10년째 그와 알고 지낸다.

him / I / for ten years / have known

_____ .

√ 1 2 3

4 그는 12시간째 잠을 자고 있다.

he / for twelve hours / has been sleeping

_____ .

√ 1 2 3

5 지난주부터 비가 오고 있다.

since last week / has been raining / it

_____ .

DAY 06

Step 1

먼저 한글 해석에 맞게 빈칸에 들어갈 말을 적어 보세요.
MP3를 들으며 정답을 확인하고 세 번씩 말해 보세요.

✓ 1 2 3

1 오늘 내가 점심 살게.

   I will _____ you lunch today.

✓ 1 2 3

2 제가 지금 갈까요?

   _____ I go now?

✓ 1 2 3

3 내일은 토요일이다.

   Tomorrow _____ Saturday.

✓ 1 2 3

4 나는 오늘 남자친구를 만날 것이다.

   I will _____ my boyfriend today.

✓ 1 2 3

5 그녀는 이 영화를 좋아할 것이다.

   She'll _____ this movie.

Step 2

주어진 힌트를 참고하여 한글 해석에 맞게 문장을 영작해 보세요.
MP3를 들으며 올바른 문장을 확인하고 세 번씩 말해 보세요.

√ 1 2 3

1 나는 오늘 밤에 숙제를 하고 있을 것이다.
   tonight / my homework / will be doing / I

   _____.

√ 1 2 3

2 나는 내년에 21살이 된다.
   21 / will be / I / next year

   _____.

√ 1 2 3

3 내일은 비가 올 것이다.
   tomorrow / will rain / it

   _____.

√ 1 2 3

4 내 자전거를 빌려 주겠다.
   my bicycle / lend / I / you / will

   _____.

√ 1 2 3

5 라디오 좀 꺼 주시겠어요?
   turn off / you / the radio / will

   _____?

DAY 07

먼저 한글 해석에 맞게 빈칸에 들어갈 말을 적어 보세요.
MP3를 들으며 정답을 확인하고 세 번씩 말해 보세요.

✓ 1 2 3

1 나는 거기에 없었다.

I was _____ there.

✓ 1 2 3

2 그는 가수인가요?

_____ he a singer?

✓ 1 2 3

3 그는 나를 사랑하지 않는다.

He _____ love me.

✓ 1 2 3

4 너한테 진실을 말해 주지 않겠어.

I _____ tell you the truth.

✓ 1 2 3

5 피자 안 좋아하세요?

_____ you like pizza?

Step 2

주어진 힌트를 참고하여 한글 해석에 맞게 문장을 영작해 보세요.
MP3를 들으며 올바른 문장을 확인하고 세 번씩 말해 보세요.

√ 1 2 3

1 그들은 어제 박물관에 갔나요?
they / go to the museum / did / yesterday

_____ **?**

√ 1 2 3

2 그녀는 영어를 잘하지 못한다.
very well / she / English / doesn't speak

_____ **.**

√ 1 2 3

3 그녀는 어제 그를 만났나요?
meet / she / did / him / yesterday

_____ **?**

√ 1 2 3

4 그들과 함께 일하고 있나요?
them / working / are / you / with

_____ **?**

√ 1 2 3

5 뉴욕에 가 본 적 있어요?
New York / to / have you been

_____ **?**

DAY 08

먼저 한글 해석에 맞게 빈칸에 들어갈 말을 적어 보세요.
MP3를 들으며 정답을 확인하고 세 번씩 말해 보세요.

✓ 1 2 3

1 주머니에 뭐가 들었니?

_____ is in your pocket?

✓ 1 2 3

2 어디로 가시나요?

_____ are you going?

✓ 1 2 3

3 무엇을 찾고 있나요?

_____ are you looking for?

✓ 1 2 3

4 이건 누구 책인가요?

_____ book is this?

✓ 1 2 3

5 어디에 사세요?

_____ do you live?

Step 2

주어진 힌트를 참고하여 한글 해석에 맞게 문장을 영작해 보세요.
MP3를 들으며 올바른 문장을 확인하고 세 번씩 말해 보세요.

√ 1 2 3

1 왜 그렇게 생각하세요?
do you / so / why / think

_____ **?**

√ 1 2 3

2 점심으로 뭘 먹고 싶어요?
want to / for lunch / do you / what / eat

_____ **?**

√ 1 2 3

3 어떤 종류의 음식을 좋아하세요?
like / kind of / what / food / do you

_____ **?**

√ 1 2 3

4 그들은 여기에 언제 도착했죠?
did / when / arrive / they / here

_____ **?**

√ 1 2 3

5 당신의 생일은 언제인가요?
your birthday / is / when

_____ **?**

DAY 09

먼저 한글 해석에 맞게 빈칸에 들어갈 말을 적어 보세요.
MP3를 들으며 정답을 확인하고 세 번씩 말해 보세요.

√ 1 2 3

1 긴장하지 마.

_____ be nervous.

√ 1 2 3

2 창문 좀 열어 줄래?

Open the window, _____
you?

√ 1 2 3

3 어쩜 저렇게 잘생겼을까!

_____ handsome he is!

√ 1 2 3

4 그건 푸른색인가요, 녹색인가요?

Is it blue _____ green?

√ 1 2 3

5 당신은 기타 칠 줄 알죠, 안 그런가요?

You can play the guitar, _____
you?

Step 2

주어진 힌트를 참고하여 한글 해석에 맞게 문장을 영작해 보세요.
MP3를 들으며 올바른 문장을 확인하고 세 번씩 말해 보세요.

✓ 1 2 3

1 그녀는 정말 아름답죠, 그렇죠?
   is / isn't she / so beautiful / she

   _____ ?

✓ 1 2 3

2 너희 아버지는 뮤지컬을 안 좋아하시지, 그렇지?
   does he / your father / musicals / doesn't like

   _____ ?

✓ 1 2 3

3 그가 회의에서 뭐라고 말했는지 아세요?
   said / what / in the meeting / he / do you know

   _____ ?

✓ 1 2 3

4 얼마나 화창한 날씨인가!
   what / are having / weather / we / lovely

   _____ !

✓ 1 2 3

5 우리하고 같이 갈 거예요, 말 거예요?
   coming / are / with us / you / or / not

   _____ ?

243

DAY 10

먼저 한글 해석에 맞게 빈칸에 들어갈 말을 적어 보세요.
MP3를 들으며 정답을 확인하고 세 번씩 말해 보세요.

√ 1 2 3

1 커피 좀 드시겠어요?

_____ you have some coffee?

√ 1 2 3

2 그는 내 충고를 받아들이려 하지 않는다.

He _____ take my advice.

√ 1 2 3

3 나는 그가 그것을 하리라고 생각했다.

I thought he _____ do it.

√ 1 2 3

4 오늘 밤에 영화 보러 갈까요?

_____ we go to see a movie tonight?

√ 1 2 3

5 넌 보고서를 끝내야 해.

You _____ finish your report.

Step 2

주어진 힌트를 참고하여 한글 해석에 맞게 문장을 영작해 보세요.
MP3를 들으며 올바른 문장을 확인하고 세 번씩 말해 보세요.

√ 1 2 3

1 내 파티에 오지 않을래?

you / my party / to / won't / come

_____**?**

√ 1 2 3

2 선생님께 예의를 지켜야 한다.

should / your teacher / to / be polite / you

_____**.**

√ 1 2 3

3 그녀는 아마 내년에 이탈리아에 갈 것이다.

Italy / go / probably / will / next year / she / to

_____**.**

√ 1 2 3

4 지금 파티를 떠나서는 안 된다.

now / shouldn't leave / you / the party

_____**.**

√ 1 2 3

5 비가 오는구나. 우산을 가져가렴.

it's / take / you / should / raining / an umbrella

_____**.**

DAY 11

Step 1

먼저 한글 해석에 맞게 빈칸에 들어갈 말을 적어 보세요.
MP3를 들으며 정답을 확인하고 세 번씩 말해 보세요.

√ 1 2 3

1 천장에서 이상한 소리를 들을 수 있었다.

I could _____ a strange sound from the ceiling.

√ 1 2 3

2 오늘 저녁에 당신과 함께 식사하지 못할 것 같군요.

I am _____ I can't have dinner with you tonight.

√ 1 2 3

3 내 부탁 하나 들어 줄래?

Can you do me a _____?

√ 1 2 3

4 그는 아마 숙제를 하고 있을 것이다.

He _____ be doing his homework.

√ 1 2 3

5 후추 좀 주시겠어요?

Could I have the pepper, _____?

Step 2

주어진 힌트를 참고하여 한글 해석에 맞게 문장을 영작해 보세요.
MP3를 들으며 올바른 문장을 확인하고 세 번씩 말해 보세요.

√ 1 2 3

1 전화 좀 써도 될까요?
I / use / can / your phone

_____?

√ 1 2 3

2 내 차를 써도 좋아.
may / use / you / my car

_____.

√ 1 2 3

3 커피 한 잔 주시겠어요?
I / a cup of coffee / have / can

_____?

√ 1 2 3

4 그녀는 자기 사무실에 있을지도 모른다.
be / she / in her office / may

_____.

√ 1 2 3

5 날 공항까지 좀 태워 줄래요?
could / a ride / the airport / give / you / me / to

_____?

DAY 12

Step 1

먼저 한글 해석에 맞게 빈칸에 들어갈 말을 적어 보세요.
MP3를 들으며 정답을 확인하고 세 번씩 말해 보세요.

√ 1 2 3

1 나는 그 책을 돌려줘야 한다.

I have to _____ that book.

√ 1 2 3

2 그는 비밀요원이 틀림없어.

He _____ be a secret agent.

√ 1 2 3

3 그것은 사실일 리가 없다.

It can't _____ true.

√ 1 2 3

4 공원에서는 쓰레기를 버리면 안 된다.

You _____ throw trash in the park.

√ 1 2 3

5 그가 내 책을 가져간 게 틀림없어.

He must _____ taken my book.

248

Step 2

주어진 힌트를 참고하여 한글 해석에 맞게 문장을 영작해 보세요.
MP3를 들으며 올바른 문장을 확인하고 세 번씩 말해 보세요.

√ 1 2 3

1 넌 자러 가야 한다.
bed / to / you / go / must

_____.

√ 1 2 3

2 너는 그녀에게 사과할 필요가 없어.
you / her / apologize / don't have to / to

_____.

√ 1 2 3

3 이곳 도서관에서는 그렇게 크게 말하면 안 된다.
here / you / so loudly / mustn't speak / in the library

_____.

√ 1 2 3

4 여기서 속도를 줄여야 합니다.
have to / slow / here / you / down

_____.

√ 1 2 3

5 여러분은 다음 시간까지 그 책을 읽어야 합니다.
before / you / read / the book / next class / have to

_____.

DAY 13

Step 1

먼저 한글 해석에 맞게 빈칸에 들어갈 말을 적어 보세요.
MP3를 들으며 정답을 확인하고 세 번씩 말해 보세요.

✓ 1 2 3

1 그는 나를 보기 위해 왔다.

He came _____ me.

✓ 1 2 3

2 너를 다시 만나니 정말 기뻐.

I'm very glad _____ you again.

✓ 1 2 3

3 나는 네가 우리와 함께 일하길 원한다.

I want you _____ with us.

✓ 1 2 3

4 너에게 뭔가를 사 주고 싶어.

I want _____ something for you.

✓ 1 2 3

5 나는 고기 먹는 것을(육식을) 좋아하지 않는다.

I don't like _____ meat.

Step 2

주어진 힌트를 참고하여 한글 해석에 맞게 문장을 영작해 보세요.
MP3를 들으며 올바른 문장을 확인하고 세 번씩 말해 보세요.

√ 1 2 3

1 나는 그가 자는 것을 보았다.
   saw / I / sleeping / him

   _____ .

√ 1 2 3

2 왜 그렇게 생각하세요?
   you / what / think / so / makes

   _____ ?

√ 1 2 3

3 나는 머리를 짧게 잘랐다.
   short / my hair / cut / I / got

   _____ .

√ 1 2 3

4 그는 기차를 타러 서울역에 갔다.
   Seoul Station / he / to take / a train / went to

   _____ .

√ 1 2 3

5 그는 인생에서 성공하기 위해 아주 열심히 일한다.
   very hard / he / to / in life / works / succeed

   _____ .

DAY 14

먼저 한글 해석에 맞게 빈칸에 들어갈 말을 적어 보세요.
MP3를 들으며 정답을 확인하고 세 번씩 말해 보세요.

✓ 1 2 3

1 나는 식탁 차리기를 끝마쳤다.

I finished _____ the table.

✓ 1 2 3

2 나는 노래하는 걸 싫어한다.

I _____ singing.

✓ 1 2 3

3 그는 담배를 끊었다.

He has _____ up smoking.

✓ 1 2 3

4 라디오를 좀 켜도 될까요?

Do you mind me _____ on the radio?

✓ 1 2 3

5 나는 그녀에게 모든 걸 고백할 생각이다.

I mean _____ everything to her.

Step 2

주어진 힌트를 참고하여 한글 해석에 맞게 문장을 영작해 보세요.
MP3를 들으며 올바른 문장을 확인하고 세 번씩 말해 보세요.

✓ 1 2 3

1 우리는 그걸 도박이라고 부른다.
it / we / gambling /call

_____ .

✓ 1 2 3

2 우리는 그의 제안을 받아들이는 데 동의했다.
agreed to / his offer / we / accept

_____ .

✓ 1 2 3

3 우리 아버지는 지난달에 담배를 끊으셨다.
smoking / my father / last month / quit

_____ .

✓ 1 2 3

4 그녀는 우리 클럽에 들어오는 걸 거절했다.
refused / join / she / our club / to

_____ .

✓ 1 2 3

5 나는 공부를 더 하기 위해서 런던에 가는 걸 고려 중이다.
to study / London / I / going to / further / am considering

_____ .

253

DAY 15

먼저 한글 해석에 맞게 빈칸에 들어갈 말을 적어 보세요.
MP3를 들으며 정답을 확인하고 세 번씩 말해 보세요.

✓ 1 2 3

1 양탄자가 하늘을 날고 있다.

A carpet is ＿＿＿＿＿ in the sky.

✓ 1 2 3

2 나는 그가 인터넷을 검색하는 것을 보았다.

I saw him ＿＿＿＿＿ the Internet.

✓ 1 2 3

3 나는 내 방이 어질러져 있는 걸 알았다.

I found my room ＿＿＿＿＿ up.

✓ 1 2 3

4 그는 한국산 차를 한 대 가지고 있다.

He has a car ＿＿＿＿＿ in Korea.

✓ 1 2 3

5 벤치에서 자고 있는 사람이 있다.

There's a man ＿＿＿＿＿ on the bench.

Step 2

주어진 힌트를 참고하여 한글 해석에 맞게 문장을 영작해 보세요.
MP3를 들으며 올바른 문장을 확인하고 세 번씩 말해 보세요.

√ 1 2 3

1 저 울고 있는 아기 좀 봐요.
crying baby / that / look at

_____.

√ 1 2 3

2 그는 두 시간 동안 인터넷을 계속 검색했다.
for two hours / the Internet / kept / he / surfing

_____.

√ 1 2 3

3 그녀는 낙엽(떨어진 잎들)을 바라보고 있다.
the fallen leaves / she / at / is looking

_____.

√ 1 2 3

4 그는 오늘 중고차를 한 대 샀다.
today / used car / he / a / bought

_____.

√ 1 2 3

5 저기 무대에서 춤추는 소녀 좀 봐.
on the floor / the girl / look at / dancing

_____.

DAY 16

먼저 한글 해석에 맞게 빈칸에 들어갈 말을 적어 보세요.
MP3를 들으며 정답을 확인하고 세 번씩 말해 보세요.

√ 1 2 3

1 나는 음악 감상과 영화 보러 가는 걸 좋아한다.

I like listening to music _____ going to the movies.

√ 1 2 3

2 나는 고전음악을 좋아하지만 그는 대중음악을 좋아한다.

I like classical music, _____ he likes pop.

√ 1 2 3

3 비가 오고 있었지만 누구도 축구장을 떠나지 않았다.

_____ it was raining, nobody left the soccer field.

√ 1 2 3

4 나는 태어난 이후 줄곧 서울에 살고 있다.

I've lived in Seoul _____ I was born.

√ 1 2 3

5 소풍을 갈 수가 없겠어요. 왜냐하면 지금 비가 오니까 말이에요.

We can't go on a picnic, _____ it's raining now.

Step 2

주어진 힌트를 참고하여 한글 해석에 맞게 문장을 영작해 보세요.
MP3를 들으며 올바른 문장을 확인하고 세 번씩 말해 보세요.

√ 1 2 3

1 사실 그는 스턴트맨이었다.
  is / he / was / the truth / that / a stunt man

  _____.

√ 1 2 3

2 커피나 차 드시겠어요?
  you / coffee or tea / would / like

  _____ **?**

√ 1 2 3

3 나는 그가 시인이었다는 것을 몰랐다.
  I / a poet / was / that / didn't know / he

  _____.

√ 1 2 3

4 내일 공연을 보러 가고 싶니, 아니면 영화를 보러 가고 싶니?
  go to a movie tomorrow / want to / do / you /
  go to a concert / or

  _____ **?**

√ 1 2 3

5 그는 아침에 나가서 밤에 들어왔다.
  he / at night / came back / in the morning / and /
  went out

  _____.

257

DAY 17

Step 1

먼저 한글 해석에 맞게 빈칸에 들어갈 말을 적어 보세요.
MP3를 들으며 정답을 확인하고 세 번씩 말해 보세요.

✓ 1 2 3

1 그것이 내가 필요로 하는 것이다.

That is _____ I need.

✓ 1 2 3

2 그것이 바로 그가 뉴욕에 간 이유다.

That's _____ he has gone to New York.

✓ 1 2 3

3 여기가 우리가 만나던 그 카페다.

This is the cafe _____ we used to meet.

✓ 1 2 3

4 물을 뿜고 있는 저 고래 좀 봐.

Look at that whale _____ is blowing.

✓ 1 2 3

5 나에게는 미국에서 온 친구가 한 명 있다.

I have a friend _____ is from America.

Step 2

주어진 힌트를 참고하여 한글 해석에 맞게 문장을 영작해 보세요.
MP3를 들으며 올바른 문장을 확인하고 세 번씩 말해 보세요.

√ 1 2 3

1 이곳이 그가 태어난 도시다.
   was / he / where / is / the city / this / born

   _____.

√ 1 2 3

2 나는 그가 말한 것을 믿을 수가 없다.
   can't believe / said / I / what / he

   _____.

√ 1 2 3

3 그는 자신이 태어난 곳으로 돌아갔다.
   he / to the place / he / where / was born / went back

   _____.

√ 1 2 3

4 길에서 춤을 추고 있는 저 사람 좀 봐요.
   on the street / who / the man / is dancing / look at

   _____.

√ 1 2 3

5 이곳이 비틀즈가 노래를 시작한 클럽이다.
   the Beatles / this / started / the club / is / where / singing

   _____.

DAY 18

Step 1

먼저 한글 해석에 맞게 빈칸에 들어갈 말을 적어 보세요.
MP3를 들으며 정답을 확인하고 세 번씩 말해 보세요.

✓ 1 2 3

1 내 컴퓨터는 그에 의해 망가졌다.

My computer was _____ by him.

✓ 1 2 3

2 지구는 외계인에 의해 공격당했다.

The Earth was _____ by the aliens.

✓ 1 2 3

3 당신은 어디서 태어나셨나요?

Where _____ you born?

✓ 1 2 3

4 그는 왜 해고당했죠?

Why was he _____?

✓ 1 2 3

5 나는 텔레비전이 언제 발명됐는지 모른다.

I don't know when the television was _____.

Step 2

주어진 힌트를 참고하여 한글 해석에 맞게 문장을 영작해 보세요.
MP3를 들으며 올바른 문장을 확인하고 세 번씩 말해 보세요.

√ 1 2 3

1 그는 영원히 기억될 것이다.
remembered / he / be / forever / will

_____.

√ 1 2 3

2 올림픽 경기는 한국에서 언제 열렸나요?
were / in / held / Korea / when / the Olympics

_____?

√ 1 2 3

3 우리 집은 오래 전에 지어졌다.
a long time / my house / ago / was built

_____.

√ 1 2 3

4 그 건물은 언제 지어졌나요?
was / the building / when / built

_____?

√ 1 2 3

5 그 다이아몬드 반지는 어디서 발견됐나요?
was / found / where / the diamond ring

_____?

DAY 19

Step 1

먼저 한글 해석에 맞게 빈칸에 들어갈 말을 적어 보세요.
MP3를 들으며 정답을 확인하고 세 번씩 말해 보세요.

✓ 1 2 3

1 좀 더 천천히 말씀해 주세요.

Please speak _____ slowly.

✓ 1 2 3

2 서울은 한국에서 제일 큰 도시다.

Seoul is the _____ city in Korea.

✓ 1 2 3

3 메리는 제인만큼 똑똑하다.

Mary is as _____ as Jane.

✓ 1 2 3

4 오늘 훨씬 더 좋아 보이는군요.

You look much _____ today.

✓ 1 2 3

5 그는 한국의 다른 어떤 가수보다도 인기가 있다.

He is more popular _____ any other singer in Korea.

Step 2

주어진 힌트를 참고하여 한글 해석에 맞게 문장을 영작해 보세요.
MP3를 들으며 올바른 문장을 확인하고 세 번씩 말해 보세요.

✓ 1 2 3

1 컴퓨터 게임이 독서보다 더 재미있다.
than / are / exciting /computer games / reading / more

_____.

✓ 1 2 3

2 그는 제임스 딘만큼 잘생겼다.
as handsome as / is / he / James Dean

_____.

✓ 1 2 3

3 나는 우리집에서 장녀다.
in my family / the oldest / I / daughter / am

_____.

✓ 1 2 3

4 이것이 그의 그림들 중에서 가장 훌륭하다.
of / the finest / this / all / his pictures / is

_____.

✓ 1 2 3

5 나의 막내 여동생은 나보다 4살이 어리다.
4 years younger / me / is / than / my youngest sister

_____.

DAY 20

Step 1

먼저 한글 해석에 맞게 빈칸에 들어갈 말을 적어 보세요.
MP3를 들으며 정답을 확인하고 세 번씩 말해 보세요.

√ 1 2 3

1 네가 파티에 왔으면 좋았을걸.

I wish you had _____ to the party.

√ 1 2 3

2 나는 뭔가 먹을 수 있으면 좋겠다.

I wish I _____ eat something.

√ 1 2 3

3 그는 마치 그것에 대해 모든 걸 아는 것처럼 말한다.

He talks as _____ he knew everything about that.

√ 1 2 3

4 만약 네가 가수가 된다면 너에게 내 차를 주겠다.

If you should _____ a singer, I will give you my car.

√ 1 2 3

5 내가 다시 태어난다면 대통령이 될 것이다.

If I _____ to be born again, I would become president.

Step 2

주어진 힌트를 참고하여 한글 해석에 맞게 문장을 영작해 보세요.
MP3를 들으며 올바른 문장을 확인하고 세 번씩 말해 보세요.

√ 1 2 3

1 차 한 대 있으면 좋겠다.
had / I / a car / wish / I

_____ .

√ 1 2 3

2 그는 넘어지지 않았다면 1등으로 들어왔을 것이다.
he / had not fallen down, / if / would have come / in / first / he

_____ .

√ 1 2 3

3 내가 복권에 당첨되면 너에게 백만 원을 주겠다.
the lottery, / give you / if / win / I / will / one million won / I

_____ .

√ 1 2 3

4 내가 백만장자라면 네가 원하는 것을 뭐든지 사 줄 수 있을텐데.
you / anything that / if / a millionaire, / I / you wanted / I were / could buy

_____ .

√ 1 2 3

5 그녀가 어디에 있는지 안다면 제가 당신의 메시지를 전해 줄 수 있을 텐데요.
I / knew / if / where she was, / I / your message / could / give / to her

_____ .

정답

DAY 01

Step 1   **1** It's <u>getting</u> dark. **2** I found it <u>difficult</u>. **3** It <u>smells</u> good. **4** I <u>sent</u> him a postcard. **5** I <u>saw</u> him enter the room.

Step 2   **1** Can you lend me your car? **2** I sent her a bunch of flowers. **3** I will choose a good book for you. **4** His music makes me relaxed. **5** He bought me a pair of shoes.

DAY 02

Step 1   **1** <u>She's</u> very smart. **2** I <u>am</u> in my room now. **3** Mary <u>goes</u> shopping on Sundays. **4** Mary <u>studies</u> French three hours a week. **5** My birthday is <u>coming</u> soon.

Step 2   **1** He is working with us. **2** Why do you want to be a lawyer? **3** She is in the kitchen. **4** My brother only watches sports on TV. **5** She writes in her diary every day.

DAY 03

Step 1   **1** He <u>goes</u> to school. **2** My family <u>are</u> all healthy. **3** I <u>work</u> at a bank. **4** They <u>are</u> Korean. **5** We <u>work</u> very hard.

Step 2   **1** No one knows the password. **2** Either you or Jane is wrong. **3** Every boy in this class likes Mary. **4** Mary and Jane are good friends. **5** Five years is a long time to wait.

DAY 04

Step 1   **1** I <u>like</u> movies. **2** She is <u>working</u> now. **3** She <u>has</u> class today. **4** I <u>drink</u> coffee very often. **5** I am <u>writing</u> a letter now.

Step 2   **1** He is waiting for a bus. **2** I saw him in the library yesterday. **3** He was talking to someone then. **4** I was jogging early this morning. **5** I bought a computer last week.

DAY 05

Step 1   **1** I have <u>finished</u> my homework. **2** I've just <u>had</u> breakfast. **3** The train has just <u>left</u>. **4** She has <u>gone</u> to New York. **5** She has <u>read</u> *Hamlet* before.

Step 2   **1** He has been watching TV for three hours. **2** He has been my client for ten years. **3** I have known him for ten years. **4** He has been sleeping for twelve hours. **5** It has been raining since last week.

Step 1   **1** I will <u>buy</u> you lunch today. **2** <u>Shall</u> I go now? **3** Tomorrow <u>is</u> Saturday. **4** I will <u>meet</u> my boyfriend today. **5** She'll <u>like</u> this movie.

Step 2   **1** I will be doing my homework tonight. **2** I will be 21 next year. **3** It will rain tomorrow. **4** I will lend you my bicycle. **5** Will you turn off the radio?

Step 1   **1** I was <u>not</u> there. **2** <u>Is</u> he a singer? **3** He <u>doesn't</u> love me. **4** I <u>won't</u> tell you the truth. **5** <u>Don't</u> you like pizza?

Step 2   **1** Did they go to the museum yesterday? **2** She doesn't speak English very well. **3** Did she meet him yesterday? **4** Are you working with them? **5** Have you been to New York?

Step 1   **1** <u>What</u> is in your pocket? **2** <u>Where</u> are you going? **3** <u>What</u> are you looking for? **4** <u>Whose</u> book is this? **5** <u>Where</u> do you live?

Step 2   **1** Why do you think so? **2** What do you want to eat for lunch? **3** What kind of food do you like? **4** When did they arrive here? **5** When is your birthday?

Step 1   **1** <u>Don't</u> be nervous. **2** Open the window, <u>will</u> you? **3** <u>How</u> handsome he is! **4** Is it blue <u>or</u> green? **5** You can play the guitar, <u>can't</u> you?

Step 2   **1** She is so beautiful, isn't she? **2** Your father doesn't like musicals, does he? **3** Do you know what he said in the meeting? **4** What lovely weather we are having! **5** Are you coming with us or not?

Step 1   **1** <u>Will</u> you have some coffee? **2** He <u>won't</u> take my advice. **3** I thought he <u>would</u> do it. **4** <u>Shall</u> we go to see a movie tonight? **5** You <u>should</u> finish your report.

Step 2   **1** Won't you come to my party? **2** You should be polite to your teacher. **3** She will probably go to Italy next year. **4** You shouldn't leave the party now. **5** It's raining. You should take an umbrella.

정답

DAY 11

Step 1   1 I could <u>hear</u> a strange sound from the ceiling.   2 I am <u>afraid</u> I can't have dinner with you tonight.   3 Can you do me a <u>favor</u>?   4 He <u>may</u> be doing his homework.   5 Could I have the pepper, <u>please</u>?

Step 2   1 Can I use your phone?   2 You may use my car.   3 Can I have a cup of coffee?   4 She may be in her office.   5 Could you give me a ride to the airport?

DAY 12

Step 1   1 I have to <u>return</u> that book.   2 He <u>must</u> be a secret agent.   3 It can't <u>be</u> true.   4 You <u>mustn't</u> throw trash in the park.   5 He must <u>have</u> taken my book.

Step 2   1 You must go to bed.   2 You don't have to apologize to her.   3 You mustn't speak so loudly here in the library.   4 You have to slow down here.   5 You have to read the book before next class.

DAY 13

Step 1   1 He came <u>to see</u> me.   2 I'm very glad <u>to see</u> you again.   3 I want you <u>to work</u> with us.   4 I want <u>to buy</u> something for you.   5 I don't like <u>to eat</u> meat.

Step 2   1 I saw him sleeping.   2 What makes you think so?   3 I got my hair cut short.   4 He went to Seoul Station to take a train.   5 He works very hard to succeed in life.

DAY 14

Step 1   1 I finished <u>setting</u> the table.   2 I <u>hate</u> singing.   3 He has <u>given</u> up smoking.   4 Do you mind me <u>turning</u> on the radio?   5 I mean <u>to confess</u> everything to her.

Step 2   1 We call it gambling.   2 We agreed to accept his offer.   3 My father quit smoking last month.   4 She refused to join our club.   5 I am considering going to London to study further.

Step 1   **1** A carpet is <u>flying</u> in the sky. **2** I saw him <u>surfing</u> the Internet. **3** I found my room <u>messed</u> up. **4** He has a car <u>made</u> in Korea. **5** There's a man <u>sleeping</u> on the bench.

Step 2   **1** Look at that crying baby. **2** He kept surfing the Internet for two hours. **3** She is looking at the fallen leaves. **4** He bought a used car today. **5** Look at the girl dancing on the floor.

Step 1   **1** I like listening to music <u>and</u> going to the movies. **2** I like classical music, <u>but</u> he likes pop. **3** <u>Though</u> it was raining, nobody left the soccer field. **4** I've lived in Seoul <u>since</u> I was born. **5** We can't go on a picnic, <u>for</u> it's raining now.

Step 2   **1** The truth is that he was a stunt man. **2** Would you like coffee or tea? **3** I didn't know that he was a poet. **4** Do you want to go to a concert or go to a movie tomorrow? **5** He went out in the morning and came back at night.

Step 1   **1** That is <u>what</u> I need. **2** That's <u>why</u> he has gone to New York. **3** This is the cafe <u>where</u> we used to meet. **4** Look at that whale <u>which</u> is blowing. **5** I have a friend <u>who</u> is from America.

Step 2   **1** This is the city where he was born. **2** I can't believe what he said. **3** He went back to the place where he was born. **4** Look at the man who is dancing on the street. **5** This is the club where the Beatles started singing.

Step 1   **1** My computer was <u>broken</u> by him. **2** The Earth was <u>attacked</u> by the aliens. **3** Where <u>were</u> you born? **4** Why was he <u>fired</u>? **5** I don't know when the television was <u>invented</u>.

Step 2   **1** He will be remembered forever. **2** When were the Olympics held in Korea? **3** My house was built a long time ago. **4** When was the building built? **5** Where was the diamond ring found?

정답

DAY 19

Step 1 1 Please speak <u>more</u> slowly. 2 Seoul is the <u>largest</u> city in Korea.
3 Mary is as <u>smart</u> as Jane. 4 You look much <u>better</u> today. 5 He is
more popular <u>than</u> any other singer in Korea.

Step 2 1 Computer games are more exciting than reading. 2 He is as
handsome as James Dean. 3 I am the oldest daughter in my family.
4 This is the finest of all his pictures. 5 My youngest sister is 4 years
younger than me.

DAY 20

Step 1 1 I wish you had <u>come</u> to the party. 2 I wish I <u>could</u> eat something.
3 He talks as <u>if</u> he knew everything about that. 4 If you should <u>become</u>
a singer, I will give you my car. 5 If I <u>were</u> to be born again, I would
become president.

Step 2 1 I wish I had a car. 2 If he had not fallen down, he would have come
in first. 3 If I win the lottery, I will give you one million won. 4 If I were a
millionaire, I could buy you anything that you wanted. 5 If I knew where
she was, I could give your message to her.

Memo